AF602194

ORDONNANCE DU ROY,

Portant règlement pour le payement des Troupes de Sa Majesté pendant l'hiver.

Du premier Décembre 1747.

DE PAR LE ROY.

SA MAJESTE' voulant régler le traitement qui sera fait à ses troupes, tant françoises qu'étrangères, pendant l'hiver, à commencer du premier novembre 1747, a ordonné & ordonne ce qui suit.

ARTICLE PREMIER.

LOGEMENT.

QUE les troupes d'Infanterie, Gendarmerie, Cavalerie, Carabiniers, Hussards & Dragons, qui seront logées chez les habitans des villes & autres lieux, tant de la frontière que de l'intérieur du royaume, n'y auront que le simple couvert, avec des lits garnis de linceuls, place au feu & à la chandelle de l'hôte, suivant sa commodité.

I I.

FOURRAGE.

QUE le fourrage sera fourni aux présens & effectifs des troupes de la Gendarmerie, Cavalerie, Carabiniers,

Huſſards & Dragons, pendant l'hiver, dans les lieux où elles ſeront logées, conformément aux revûes qui en ſeront faites; la ration devant être compoſée de quinze livres de foin & cinq livres de paille, ou de dix-huit livres de foin ſans paille, où il n'y en aura point, des deux tiers du boiſſeau d'avoine meſure de Paris, dont les vingt-quatre boiſſeaux font le ſeptier de ladite meſure; ſçavoir, pour la

GENDARMERIE.

Gendarmerie, dans chaque compagnie de Gendarmes ou de Chevaux-légers, deux rations à chacun des quatre Maréchaux-des-logis, & une ration à chacun des deux Brigadiers, deux Sous-brigadiers, au Porte-étendard, & chaque Gendarme, Chevau-léger, Trompette & Timbalier: & il ſera fourni de plus dix rations par jour à chaque Capitaine-lieutenant des ſix compagnies de Chevaux-légers, quatre à chaque Sous-lieutenant, & trois à chacun des deux Cornettes deſdites compagnies, les Grands-officiers des compagnies de Gendarmes n'en devant point avoir.

Compagnies, à l'exception des Grands-officiers des dix compagnies de Gendarmes.

E'tat-major.

Pour l'E'tat-major de la Gendarmerie, douze rations au Major, huit rations à l'Aide-major, ſix à chacun des deux Sous-aide-majors, deux rations à chacun des deux Aumôniers, & une au Chirurgien.

CAVALERIE *françoiſe & étrangère*, CARABINIERS, HUSSARDS *&* DRAGONS.

Pour la Cavalerie, les Carabiniers, Huſſards & Dragons, ſix rations par jour à chaque Capitaine, quatre au Lieutenant, quatre au Sous-lieutenant qui eſt en la compagnie Colonelle du régiment du Colonel-général de la Cavalerie; & pareille quantité de quatre rations à chacun des ſeconds Lieutenans de la compagnie générale du régiment du Colonel-général des Dragons, & de la compagnie Meſtre-de-camp du régiment Meſtre-de-camp général auſſi des Dragons; trois à chaque Cornette, deux à chaque Maréchal-des-logis, & une à chaque Brigadier, Cavalier, Carabinier, Huſſard, Dragon, Trompette, Timbalier, Tambour & Hautbois; ſix rations à Monſ.[r] le Prince de Dombes Meſtre-de-camp-Lieutenant du régiment Royal-des-Carabiniers; ſix à chacun des cinq Meſtres-de-camp qui ſervent ſous lui à la tête des cinq Brigades;

pareille quantité de six rations à chaque Mestre-de-camp de Cavalerie, de Hussards ou de Dragons; quatre à chaque Lieutenant-colonel, outre celles qu'ils doivent recevoir comme Capitaines; huit à chaque Major, quatre à chaque Aide-major; & dans la Cavalerie & les Hussards, une ration à chaque Aumônier & Chirurgien; & dans les Dragons, une ration seulement à l'Aumônier.

Et en outre pour les régimens Royal-Allemand & Rosen, sçavoir, au régiment Royal-Allemand, deux rations au Maréchal-des-logis du régiment, trois au Prévôt, deux à son Lieutenant, deux au Greffier, & une à chacun des quatre Archers & un Exécuteur de justice.

Et au régiment de Cavalerie allemande de Rosen, une à chacun des Auditeur, Greffier, trois Archers & un Exécuteur de justice.

Officiers réformez.

Les Officiers réformez qui auront ordre de servir à la suite des régimens de Cavalerie ou de Dragons, recevront du fourrage pour leurs chevaux, sçavoir, chaque Mestre-de-camp six rations par jour, chaque Lieutenant-colonel pareille quantité de six rations, chaque Capitaine quatre, & chaque Lieutenant réformé de Cavalerie ou de Dragons, deux rations.

Filtzjames.

Les Officiers réformez à la suite du régiment de Cavalerie de Filtzjames, auront du fourrage, sçavoir, chaque Mestre-de-camp neuf rations par jour, chaque Lieutenant-colonel huit, chaque Capitaine cinq, & chaque Lieutenant trois rations.

Volontaires de Saxe.

Le régiment de Cavalerie volontaire de Saxe recevra, suivant les revûes des Commissaires des guerres, douze cens rations de fourrage par jour, dont deux cens à partager entre les Officiers de ce régiment.

Régiment de Geschray.

Le régiment de troupes légères de Geschray recevra, suivant les revûes des Commissaires des guerres, six cens trente rations par jour, tant pour l'Etat-major, que pour les huit compagnies de Dragons, & les Officiers de huit compagnies d'Infanterie.

Volontaires-Royaux.

Pour le corps des Volontaires-royaux, à la compagnie

des Guides, deux rations au Capitaine & une ration à chacun des Lieutenans en pied & réformé : aux compagnies d'Infanterie deux rations au Capitaine des Charpentiers & Bateliers, une ration au Lieutenant de ladite compagnie, trois rations à chaque Capitaine de Grenadiers, deux à chaque Capitaine en ſecond, & une ration à chaque premier Lieutenant, Lieutenant en ſecond, premier Sous-lieutenant ou Sous-lieutenant en ſecond : Et aux compagnies de Dragons quatre rations à chaque Capitaine en ſecond & premier Lieutenant, trois rations à chaque Lieutenant en ſecond & Sous-lieutenant, deux à chaque Maréchal-des-logis, & une à chaque Brigadier & Dragon : chaque Capitaine en pied commandant les compagnies de cent ſoixante-quinze hommes, aura huit rations, le Colonel commandant ſix rations, outre celles qu'il doit recevoir comme Capitaine d'une compagnie de cent ſoixante-quinze hommes, chaque Aide-major de Dragons quatre, & chaque Aide-major d'Infanterie trois, les Aumônier, Chirurgien & Prévôt n'en devant point avoir. Il ſera fourni de plus une ration à chacun des trois chevaux attelez à la charrette qui ſervira à porter les principaux attirails propres aux conſtructions qu'il y aura à faire, leſquels trois chevaux ſont entretenus dans la compagnie des Charpentiers & Bateliers; & une ration à chacun des quatre chevaux qui ſerviront aux deux caiſſons entretenus dans ce corps pour porter les cartouches & petards.

Chaſſeurs de Fiſcher.

Le corps des Chaſſeurs de Fiſcher, ſix rations au Capitaine commandant, trois à chacun des Capitaines en ſecond, deux à chaque premier Lieutenant, Lieutenant en ſecond & Sous-lieutenant, & une à chaque Maréchal-des-logis, & à chaque Brigadier & Chaſſeur à cheval.

Régiment de Graſſin.

Le régiment de Graſſin recevra, ſçavoir, les Officiers des compagnies d'Infanterie, deux rations à chacun des Capitaines en pied & en ſecond, & une ration à chacun des Lieutenans en premier, en ſecond & réformé; & les compagnies d'Arquebuſiers à cheval, trois rations au Capitaine en pied, & pareilles trois rations à chaque premier & ſecond

& fecond Capitaine en fecond, deux rations à chaque premier & fecond Lieutenant & à chaque Cornette, & une ration à chaque Maréchal-des-logis, Cadet, Brigadier, Arquebufier, Trompette ou Tambour, trois rations au Colonel, deux rations au Lieutenant-colonel, outre celles qu'ils doivent recevoir en qualité de Capitaine en pied d'Infanterie & de Cavalerie, trois rations au Major, & deux rations à chaque Aide-major d'Infanterie & de Cavalerie, l'Aumônier & le Chirurgien n'en devant point avoir.

Régimens de la Morliere, de Royal-Cantabres, & des Bretons-volontaires.

Les régimens de Fufiliers de la Morliere, de Royal-Cantabres & de Bretons-Volontaires, recevront, fçavoir, les Officiers des compagnies d'Infanterie, deux rations à chacun des Capitaines en pied & en fecond, une ration à chaque premier Lieutenant, Enfeigne, Lieutenant en fecond & Sous-lieutenant; les compagnies de Dragons & de Huffards, trois rations à chaque Capitaine en pied, deux rations à chaque Lieutenant & Cornette, & une ration à chaque Maréchal-des-logis, Brigadier, Dragon, Huffard, Tambour & Trompette: Et pour les Officiers de chaque Etat-major, fix rations au Colonel, quatre au Lieutenant-colonel, trois au Major, deux à chaque Aide-major, foit d'Infanterie ou des troupes à cheval, le Chirurgien n'en devant point avoir, & une ration à l'Aumônier du régiment Royal-Cantabres feulement, ceux des régimens de la Morliere & des Bretons-Volontaires n'en devant point avoir.

Chevaux à la fuite des régimens de Graffin, la Morliere, Royal-Cantabres, & Bretons-Volontaires.

Il fera fourni de plus une ration par jour à chacun des dix chevaux qui fervent à conduire à la fuite de chacun des quatre régimens ci-deffus (à commencer par celui de Graffin) un chariot de munitions & deux pièces de canon à la Suédoife.

Volontaires de Gantés.

Pour le corps des Volontaires de Gantés, fix rations par jour au Commandant dudit corps, deux rations à chacun des Capitaines des quatre compagnies d'Infanterie, & une ration à chaque Lieutenant en premier & Lieutenant en fecond defdites quatre compagnies; & pour les compagnies de Huſſards & de Dragons, trois rations à chaque Capitaine en pied, deux rations à chacun des Capitaines en ſecond & Lieutenans en premier, & une ration à chaque Lieutenant en ſecond, Maréchal-des-logis, Brigadier, Huſſard, Dragon, Trompette & Tambour, trois rations à l'Aide-major de Cavalerie, & deux rations à celui d'Infanterie, le Chirurgien n'en devant point avoir.

Compagnie de Roſemberg.

Pour la compagnie franche de Huſſards de Roſemberg, ci-devant Goengoëſy, quatre rations au Capitaine, deux rations au Lieutenant en pied, une ration au Lieutenant réformé entretenu à la ſuite de ladite compagnie, & une ration au Maréchal-des-logis & à chacun des cinquante Brigadiers & Huſſards, compris un Trompette.

Compagnie de Fuſiliers-guides.

Pour la compagnie de Fuſiliers-guides, deſtinée à ſervir à l'armée de Flandre, quatre rations au Capitaine, deux rations au Lieutenant en pied, pareilles deux rations au Lieutenant reformé, & une ration à chacun des douze Fuſiliers-guides à cheval.

Compagnie de Croates.

Pour la compagnie d'infanterie de Croates, quatre rations au Capitaine commandant, deux rations à chaque Capitaine en ſecond, & une ration à chaque Lieutenant en premier & Lieutenant en ſecond.

Compagnies de Chaſſeurs de Berenguier de Sabattier, & de Colonne.

Les Officiers de chacune des compagnies de Chaſſeurs à pied de Berenguier de Sabattier, & de Colonne recevront, ſçavoir, le Capitaine en pied ſix rations, chaque Capitaine en ſecond trois rations, & chaque Lieutenant en premier, en ſecond, réformé, ou Sous-lieutenant, deux rations.

Compagnie de Volontaires de Lancize.

Les Officiers de la compagnie des Volontaires de Lancize recevront, ſçavoir, deux rations au Capitaine commandant, pareilles deux rations à chaque Capitaine en ſecond, & une ration à chaque premier Lieutenant, Lieutenant en ſecond, Lieutenant réformé & Sous-lieutenant.

L'intention de Sa Majeſté eſt que le fourrage ci-deſſus réglé aux officiers de Cavalerie, de Carabiniers, de Huſſards

& de Dragons, & à ceux des troupes d'Infanterie ci-deſſus dénommées, ne ſoit fourni qu'à ceux compris dans les états qui ſeront envoyez aux Intendans des généralités, provinces & places où leſdites troupes ſeront placées.

INFANTERIE FRANÇOISE & ÉTRANGÉRE, à l'exception des troupes denommées ci-contre.

Sa Majeſté ayant donné ſes ordres pour la fourniture du fourrage aux Officiers de ſes troupes d'Infanterie françoiſe & étrangère, qui ſeront compriſes dans les états qui ſeront envoyez aux Intendans des généralités, provinces & places où elles ſeront logées pendant l'hiver, pour donner moyen auxdits Officiers d'entretenir leurs équipages, *en ce non compris ceux des troupes Suiſſes & Allemandes, & ceux des régimens Royal-Lorraine, Royal-Barrois, du bataillon de Fuſiliers de Montagne, & de la compagnie d'Arquebuſiers d'Aygoin,* qui ne doivent point avoir de fourrage en hiver; Elle ordonne que la ration ſera composée de douze livres de foin & huit livres de paille, ou de ſeize livres de foin ſans paille où il n'y en aura point, & d'un demi-boiſſeau d'avoine meſure de Paris; & qu'il en ſoit délivré, ſçavoir, quatre rations par jour à chaque Capitaine, deux rations à chaque Lieutenant, Sous-lieutenant ou Enſeigne; & pour les Officiers de chaque Etat-major, ſix rations par jour au Colonel, trois au Lieutenant-colonel, deux aux Commandans de bataillon qui ne ſont point chefs de régiment, outre les rations que leſdits Colonels, Lieutenans-colonels ou Commandans de bataillon recevront comme Capitaine; cinq rations au Major, trois à chaque Aide-major, deux au Sous-aide-major de chacun des bataillons du régiment Royal-Artillerie, une au Prévôt où il y en a, & une à l'Aumônier.

Officiers réformez.

Il ſera auſſi fourni du fourrage aux Officiers réformez qui auront ordre de ſervir à la ſuite deſdits régimens d'Infanterie, compris dans les états ci-deſſus, ſçavoir, ſix rations par jour à chaque Colonel, quatre à chaque Lieutenant-colonel, deux à chaque Capitaine, & une à chaque Lieutenant.

Sa Majeſté ordonne que leſdites fournitures de fourrages ſoient régulièrement faites à la Gendarmerie, à la Cavalerie, aux Carabiniers, Huſſards & Dragons, & aux Officiers, tant de ces corps que de ceux d'Infanterie, à commencer du jour que les troupes entreront en quartier d'hiver, juſqu'au tems qu'elles ſe mettront en campagne. A l'égard des régimens en quartier dans les provinces & généralités du royaume, auxquels Sa Majeſté a laiſſé la diſpoſition des fourrages, ſon intention eſt qu'après l'expiration des cent cinquante jours du quartier d'hiver, les places de fourrage leur ſoient payées ſans aucun bénéfice.

Veut Sa Majeſté qu'il ne ſoit délivré aucune ration de fourrage aux Officiers d'Infanterie, de Gendarmerie, Cavalerie, Carabiniers, Huſſards & Dragons qui ne ſe trouveront pas préſens aux revûes, à moins qu'ils ne ſoient de ſemeſtre, ou n'aient un congé par écrit de Sa Majeſté, contre-ſigné du Secrétaire d'état de la guerre : auxquels Officiers abſens par ſemeſtre, congé, ou ceux qui obtiendront des reliefs, il ne ſera fourni que la moitié des fourrages qu'ils auroient s'ils avoient été préſens ; à l'exception des Colonels, Meſtres-de-camp, Lieutenans-colonels, en pied ou réformez, & des Majors des régimens, qui auront leur fourrage en entier lorſqu'ils ſe feront abſentez par congé, ou ſur les reliefs qui ſeront accordez à ceux qui n'auront pas de congé.

Défend très-expreſſément Sa Majeſté auxdits Officiers, Gendarmes, Chevaux-légers, Cavaliers, Carabiniers, Huſſards & Dragons, d'exiger des Garde-magaſins & Entrepreneurs de la fourniture des fourrages, une plus grande quantité de rations que celle marquée ci-deſſus ; & auxdits Officiers, ſoit de Gendarmerie, ſoit de Cavalerie, de Carabiniers, de Huſſards ou de Dragons, de rien diminuer ſur les rations ci-deſſus ordonnées pour la ſubſiſtance du cheval du Gendarme, Chevau-léger, Cavalier, Carabinier, Huſſard ou Dragon, pour le donner à leurs chevaux, ou pour le convertir en argent ; à peine auxdits

Officiers

Officiers d'être caſſez & privez de leurs charges, & aux Gendarmes, Chevaux-légers, Cavaliers, Carabiniers, Huſſards & Dragons, de la vie.

Défend auſſi Sa Majeſté aux Garde-magaſins & Entrepreneurs, de convertir aucune deſdites rations de fourrage en argent, à moins que leſdits Garde-magaſins & Entrepreneurs n'en aient ordre par écrit des Intendans, à peine de la vie; & auxdits Officiers, Gendarmes, Chevaux-légers, Cavaliers, Carabiniers, Huſſards & Dragons, d'entrer avec eux en aucune compoſition là-deſſus, à peine aux Officiers d'être caſſez, & aux Gendarmes, Chevaux-légers, Cavaliers, Carabiniers, Huſſards & Dragons, des galères: Fait en outre Sa Majeſté très-expreſſes défenſes auxdits Officiers, Gendarmes, Chevaux-légers, Cavaliers, Carabiniers, Huſſards & Dragons, de vendre aucun fourrage, & aux habitans des villes & lieux où ils ſeront logez & des environs, d'en acheter d'eux, ſur les mêmes peines auxdits Officiers d'être caſſez, & aux Gendarmes, Chevaux-légers, Cavaliers, Carabiniers, Huſſards & Dragons, des galères, & ſur peine auxdits habitans de trois cens livres d'amende. Ordonne Sa Majeſté aux Commiſſaires des guerres employez à la police de ſes troupes, de délivrer auxdits Garde-magaſins ou Entrepreneurs, des extraits des revûes qu'ils en feront, & auxdits Garde-magaſins & Entrepreneurs de ne fournir le fourrage à chaque compagnie, que ſur le pied qu'ils verront par leſdits extraits qu'elle aura paſſé à la revûe qui en aura été faite, & qu'il n'en ſoit fourni à aucun des Officiers qui ne ſeront point compris pour préſens dans leſdits extraits, ſur leſquels ils compteront des fournitures qu'ils auront faites: ſe conformant à ce qui eſt marqué ci-deſſus pour les Officiers qui ſeront abſens par ſemeſtre, ſur des congés de Sa Majeſté, ou qui obtiendront des reliefs, aux équipages deſquels il ſera fourni du fourrage, comme il eſt ci-deſſus ordonné.

III.

USTENSILE.

Infanterie. Sa Majesté ayant ordonné que la Maſſe de la campagne prochaine des troupes auxquelles Elle la paye, ſoit déduite ſur l'uſtenſile de celles auxquelles Elle juge à propos d'en accorder pendant les cent cinquante jours du préſent quartier d'hiver, en conſéquence de l'état particulier que Sa Majeſté fera expédier ſur le Tréſorier général à Paris, pour le payement de cet uſtenſile; ſon intention eſt que les compagnies qui recevoient ci-devant quinze cens livres, n'auront plus que douze cens livres pour les régimens qui auront l'uſtenſile entier, & quatre cens cinquante livres au Major; & que les compagnies qui avoient ci-devant ſept cens cinquante livres, ne recevront plus que quatre cens cinquante livres pour les régimens qui n'auront que le demi-uſtenſile, & deux cens vingt-cinq livres au Major; duquel uſtenſile le Lieutenant de la compagnie qui aura douze cens livres, recevra quatre-vingt-dix livres, le Sous-lieutenant ou Enſeigne ſoixante livres, l'Aide-major du bataillon quinze livres: le Lieutenant de la compagnie qui n'aura que quatre cens cinquante livres, recevra quarante-cinq livres, le Sous-lieutenant ou Enſeigne trente livres, & l'Aide-major du bataillon ſept livres dix ſols: le reſtant à chaque compagnie ſera payé au Capitaine, pour rendre ſa compagnie complète en état de bien ſervir, & fournir des tentes à ſes ſoldats pendant la campagne.

Retenue ſur l'Uſtenſile. Comme Sa Majeſté eſtime qu'il conviendra aux Officiers des troupes d'Infanterie françoiſe de ſes armées, de faire conſerver aux Capitaines une partie de leur uſtenſile, & aux Lieutenans, Sous-lieutenans ou Enſeignes l'uſtenſile entier, pour leur être payé par égale portion, ſçavoir, au Capitaine en cinq mois, à commencer du 10 juin de l'année prochaine, & aux Lieutenans, Sous-lieutenans & Enſeignes en ſix mois, à commencer du 10 mai; Sa

Majeſté ordonne qu'il ſoit retenu cent cinquante livres à chaque Capitaine, & ce qui revient dudit uſtenſile à chaque Lieutenant, Sous-lieutenant ou Enſeigne, pour leur être ainſi diſtribué.

Officiers réformez.

Les Officiers réformez qui ont ſervi pendant la campagne dernière à la ſuite deſdits régimens, recevront l'uſtenſile, ſçavoir, chaque Colonel réformé deux cens ſoixante-dix livres, chaque Lieutenant-colonel cent quatre-vingts livres, chaque Capitaine quatre-vingt-dix livres, & chaque Lieutenant réformé trente livres.

GENDARMERIE.

Dix compagnies de Gendarmes.

Chacune des dix compagnies de Gendarmes Ecoſſois, Anglois, Bourguignons, de Flandres, de la Reine, de Monſeigneur le Dauphin, de Bretagne, d'Anjou, de Berry & d'Orléans, recevra pendant les cent cinquante jours du quartier d'hiver, quatre-vingt-cinq places d'uſtenſile par jour, leſquelles ſeront diſtribuées (les grands Officiers n'en devant point avoir) ſçavoir, deux places à chacun des quatre Maréchaux-des-logis qui ſont en chacune deſdites compagnies, les ſoixante-dix-ſept autres places ſeront pour les deux Brigadiers, les deux Sous-brigadiers, le Porte-étendard, les ſoixante-dix Gendarmes & les deux Trompettes.

Six compagnies de Chevaux-légers.

Chacune des ſix compagnies de Chevaux-légers de la Reine, de Monſeigneur le Dauphin, de Bretagne, d'Anjou, de Berry & d'Orléans, recevra pendant leſdits cent cinquante jours, cent cinq places d'uſtenſile par jour, le Capitaine-lieutenant en ayant dix, le Sous-lieutenant quatre, chacun des premier & ſecond Cornettes trois, chacun des quatre Maréchaux-des-logis deux, & les ſoixante-dix-ſept autres places ſeront pour les deux Brigadiers, les deux Sous-brigadiers, le Porte-étendard, les ſoixante-dix Chevaux-légers, & les deux Trompettes.

Timbaliers.

Les huit Timbaliers qui ſervent dans les compagnies des Gendarmes Ecoſſois, Anglois, Bourguignons, de Flandres, de la Reine, de Monſeigneur le Dauphin, & des Chevaux-légers de la Reine & de Monſeigneur le Dauphin, recevront auſſi par jour chacun une place d'uſtenſile pendant leſdits cent cinquante jours.

Cavalerie & Dragons.

Chaque compagnie des régimens de Cavalerie, de Carabiniers, Huſſards & Dragons, recevra l'uſtenſile pendant les cent cinquante jours du quartier d'hiver, ſur le pied de ſix places par jour au Capitaine, de quatre places à chaque Lieutenant, quatre places au Sous-lieutenant qui eſt dans la compagnie colonelle du régiment du Colonel-général de la Cavalerie; pareille quantité à chacun des ſeconds Lieutenans qui ſont dans la compagnie générale du régiment du Colonel-général des Dragons, & dans celle de la Meſtre-de-camp du régiment Meſtre-de-camp général deſdits Dragons; trois à chaque Cornette, deux à chaque Maréchal-des-logis, & une à chaque Brigadier, Cavalier, Carabinier, Huſſard & Dragon, conformément aux états que Sa Majeſté en fera expédier: obſervant que ces places attribuées aux Cavaliers, Carabiniers, Huſſards & Dragons, doivent être remiſes au Capitaine, pour être employées au rétabliſſement & entretenement de ſa compagnie, & la mettre en état de ſervir en campagne; à la réſerve des cinq écus qui doivent être retenus, pour être diſtribuez auxdits Cavaliers, Carabiniers, Huſſards & Dragons pendant la campagne, ainſi qu'il ſera dit ci-après: Et pour chaque Etat-major de Cavalerie, de Carabiniers, Huſſards & Dragons, il ſera payé ſix places au Meſtre-de-camp, quatre au Lieutenant-colonel, ſix au Major, quatre à l'Aide-major; & dans la Cavalerie, les Carabiniers & Huſſards, une place à chaque Aumônier & Chirurgien; & dans les Dragons une place à l'Aumônier ſeulement; ſix places à Monſ.r le Prince de Dombes Meſtre-de-camp-lieutenant du régiment Royal-des-Carabiniers; deux au Maréchal-des-logis de l'Etat-major du régiment Royal-allemand, deux au Prévôt, une à ſon Lieutenant, & une à chacun des Greffier, quatre Archers, un Exécuteur; une à l'Auditeur dans l'Etat-major du régiment de Roſen, & une à chacun des Greffier, trois Archers & un Exécuteur.

Royal-Allemand. *Rosen.*

Officiers réformez.

A l'égard des Officiers réformez de Cavalerie, de Carabiniers, de Huſſards & de Dragons, qui ont ordre de ſervir avec

avec les régimens, & qui y auront fait la campagne dernière, Sa Majesté ordonne que l'ustensile leur soit payé pendant les cent cinquante jours du quartier d'hiver, sçavoir, six places par jour à chaque Mestre-de-camp, cinq à chaque Lieutenant-colonel, quatre à chaque Capitaine; & deux à chaque Lieutenant.

Déduction de la Masse de la campagne 1747 sur l'ustensile de la Cavalerie & des Dragons.

Sa Majesté voulant que ce qu'Elle a réglé pour la Masse de son Infanterie pendant la campagne prochaine, soit exécuté pour ses troupes à cheval, Elle a ordonné qu'il soit déduit un sol sur chaque place d'ustensile de Cavalier, Carabinier, Hussard & Dragon des régimens auxquels Elle juge à propos d'en accorder, faisant pendant les cent cinquante jours du présent quartier d'hiver, sept livres dix sols, pour former la masse des six mois de la campagne prochaine, à raison de dix deniers par jour; au moyen de cette déduction chaque place d'ustensile entier de Cavalier, Carabinier, Hussard & Dragon, qui étoit ci-devant à douze sols, ne sera que de onze sols, & le demi-ustensile qui étoit ci-devant à six sols par place, ne sera plus que de cinq sols.

SOLDE.

SA MAJESTÉ ayant donné ses ordres pour faire remettre aux Trésoriers généraux de l'Extraordinaire des guerres & des troupes de sa Maison, les fonds nécessaires pour le payement des appointemens & solde, Elle entend que le payement en soit fait aux Officiers, Soldats, Cavaliers, Carabiniers, Hussards & Dragons, de dix jours en dix jours, & par avance, suivant les ordres particuliers que lesdits Trésoriers généraux de l'Extraordinaire des guerres en recevront des Intendans; & pour les troupes d'Infanterie & de Cavalerie de sa Maison, sur les états de décharge qui seront expédiez aux Trésoriers généraux desdites troupes, sur le pied & conformément à ce qui suit.

ARTICLE PREMIER.

CHACUNE des trois compagnies de Grenadiers du

Gardes-Françoises.

Compagnies de Grenadiers.

régiment des Gardes-françoises, composée d'un Capitaine, deux Lieutenans, deux Sous-lieutenans, deux Enseignes, & cent dix hommes, dont six Sergens, trois Caporaux, neuf Anspessades, quatre-vingt-huit Grenadiers & quatre Tambours, sera payée sur le pied de trois cens soixante livres huit sols par mois au Capitaine, deux cens vingt-cinq livres seize sols huit deniers à chaque Lieutenant, cent dix livres huit sols quatre deniers à chaque Sous-lieutenant, soixante-treize livres six sols huit deniers à chaque Enseigne, quarante livres un sol huit deniers à chacun des cinq premiers Sergens, trente-huit livres quinze sols au sixième Sergent, vingt-deux livres cinq sols à chaque Caporal, dix-neuf livres quinze sols à chaque Anspessade & Tambour, seize livres quinze sols à chaque Grenadier; pareilles seize livres quinze sols pour la paye du Major, dix livres quinze sols pour celle du Commissaire; & seize livres quinze sols pour chacune des douze payes de gratification que Sa Majesté accorde au Capitaine, sa compagnie étant compléte de cent dix hommes, huit seulement à cent quatre jusqu'à cent neuf, & rien au-dessous dudit nombre de cent quatre hommes.

Compagnies de Fusiliers.

Chacune des trente compagnies de Fusiliers, composée d'un Capitaine, d'un Lieutenant, un premier & second Sous-lieutenans, deux Enseignes, & cent cinquante hommes, dont six Sergens, trois Caporaux, neuf Anspessades, cent vingt-huit Fusiliers & quatre Tambours, sera payée sur le pied par mois, de deux cens cinquante-cinq livres au Capitaine, cent soixante-dix livres seize sols huit deniers au Lieutenant, quatre-vingt-cinq livres huit sols quatre deniers à chacun des premier & second Sous-lieutenans, cinquante-cinq livres à chaque Enseigne, trente-cinq livres dix-huit sols quatre deniers à chacun des quatre premiers Sergens, trente-quatre livres quatre sols deux deniers à chacun des deux autres, dix-huit livres dix-huit sols quatre deniers à chaque Caporal, dix-sept livres cinq sols à chaque Anspessade & Tambour, quatorze livres quinze sols à chaque Fusilier; pareilles quatorze livres quinze sols pour la paye du Major, dix livres quinze sols pour celle du Commissaire; & pareilles dix livres quinze sols pour chacune des quinze payes de gratification que Sa Majesté accorde au Capitaine, sa compagnie étant compléte de cent cinquante hommes; quatorze de cent quarante-cinq à cent quarante-neuf; douze de cent trente à cent quarante-quatre inclusivement, & rien au-dessous dudit nombre de cent trente hommes: il sera de plus payé au Capitaine trente sols par jour, pour appointer les trente meilleurs Soldats de sa compagnie.

A l'égard des Officiers de l'Etat-major dudit régiment, ils continueront d'être payez de leurs appointemens suivant les états que Sa Majesté en fera expédier. *Etat-major.*

II.

GARDES-SUISSES. Compagnies.

LES douze compagnies du régiment des Gardes-suisses, qui ont été augmentées de trente-cinq hommes par ordonnance du 16 janvier 1745, pour les mettre de deux cens à deux cens trente-cinq hommes, les Officiers compris, seront payées chacune à raison de vingt livres six sols par mois pour chaque homme & pour chacune des trente-trois payes de gratification que Sa Majesté accorde au Capitaine, lorsque sa compagnie se trouvera du nombre de deux cens onze & au-dessus jusqu'à celui de deux cens trente-cinq, & trente payes seulement lorsqu'elle ne sera que de cent quatre-vingt-cinq à deux cens dix hommes: Sa Majesté trouve bon aussi de faire payer au Capitaine la somme de cent quarante-deux livres deux sols par mois, pour appointer les Porte-outils, & les plus anciens & plus apparens Soldats de sa compagnie. Au moyen de quoi ledit Capitaine doit avoir & entretenir un Lieutenant, à raison de cent cinquante livres par mois, un second Lieutenant à cent vingt livres, un Sous-lieutenant à quatre-vingt-dix livres, & trois Enseignes à soixante-quinze livres chacun, deux Sergens à trente-cinq livres chacun, trois autres à trente livres, & trois autres à vingt-cinq livres, un Chirurgien à trente livres, quatre Trabans, six Tambours, un Fifre, ſix Caporaux, ſix Appointés, & cent quatre-vingt-ſeize Soldats : Sa Majeſté a auſſi réglé qu'outre les Officiers ci-deſſus, les Capitaines qui auront des régimens, ſeront tenus d'avoir un Capitaine-lieutenant pour commander leur compagnie, qu'ils payeront à raiſon de deux cens livres par mois.

E'tat-major du régiment, & Officiers de la Compagnie Générale.

Les Officiers de l'E'tat-major, & ceux de la Compagnie générale dudit régiment des Gardes-ſuiſſes, continueront à être payez ſuivant les états & ordres que Sa Majeſté fera expédier.

III.

INFANTERIE FRANÇOISE.

INFANTERIE FRANÇOISE.

A l'égard des troupes d'Infanterie françoiſe, y compris le régiment des Gardes de Lorraine, chaque bataillon composé de dix-ſept compagnies, dont une de Grenadiers de quarante-cinq hommes, & ſeize de Fuſiliers de quarante hommes chacune, ſera payée, ſçavoir, celle de Grenadiers, ſur le pied de quatre livres ſix deniers par jour au Capitaine, trente-quatre ſols dix deniers au Lieutenant, y compris deux ſols dix deniers de ſupplément; vingt ſols au Sous-lieutenant, douze ſols à chacun des deux Sergens, huit ſols ſix deniers à chacun des trois Caporaux, ſept ſols ſix deniers à chacun des trois Anſpeſſades, ſix ſols ſix deniers à chacun des trente-ſix Grenadiers & un Tambour.

Compagnies de Grenadiers.

Payes de gratification des compagnies de Grenadiers.

A l'égard des payes de gratification, chaque Capitaine de celles qui, en conſéquence de l'article III de l'ordonnance du premier novembre 1747, ne doit avoir le décompte des payes de gratification des cinq mois d'hiver, à commencer dudit mois de novembre 1747, qu'au mois d'avril 1748, recevra trois deſdites payes de ſix ſols ſix deniers chacune, lorſque ſa compagnie aura paſſé compléte de quarante-cinq hommes à la revûe dudit mois d'avril, deux à quarante-quatre, une ſeulement à quarante-trois hommes, & rien au deſſous dudit nombre.

Le

Le Capitaine de Grenadiers, au moyen du traitement ci-dessus, payera vingt-cinq livres de chaque Soldat qui sera tiré dans le régiment pour entrer dans sa compagnie.

Soldats tirez pour les Grenadiers.

Chacune des seize compagnies de Fusiliers sera payée sur le pied par jour de trois livres six sols huit deniers au Capitaine, y compris seize sols huit deniers de supplément; vingt-deux sols dix deniers au Lieutenant, y compris deux sols dix deniers de supplément; onze sols à chacun des deux Sergens, sept sols six deniers à chacun des trois Caporaux, six sols six deniers à chacun des trois Anspessades, cinq sols six deniers à chacun des trente-un Fusiliers & un Tambour.

Compagnies de Fusiliers.

A l'égard des payes de gratification, chaque Capitaine de celles des nouveaux bataillons levez pendant la présente année, en recevra trois de cinq sols six deniers chacune, à commencer du premier mars 1748, sur la revûe qui sera faite de sa compagnie tous les mois, & qu'elle y aura passé à trente-neuf ou quarante hommes, deux desdites payes n'étant composée que de trente-six, trente-sept & trente-huit, une seulement à trente-cinq hommes, & rien au dessous dudit nombre. Les mêmes gradations seront exécutées du premier novembre 1747, pour les Capitaines des compagnies de Fusiliers qui sont à Genes, ou qui pourront y passer par la suite, suivant leur composition aux revûes de chaque mois.

Payes de gratification des compagnies de Fusiliers.

Et chaque Capitaine de celles qui, en conséquence de l'article III de l'ordonnance du premier novembre 1747, ne doit avoir le décompte des payes de gratification des cinq mois d'hiver, à commencer dudit mois de novembre, qu'au mois d'avril 1748, recevra trois desdites payes de cinq sols six deniers chacune, lorsque sa compagnie aura passé compléte de quarante hommes à la revûe dudit mois d'avril, deux à trente-neuf, une seulement à trente-huit hommes, & rien au dessous dudit nombre.

Les Capitaines Postiches qui ont commandé les compagnies dans les nouveaux bataillons des régimens de Limosin, Bourgogne, Médoc & Ponthieu, pendant

Capitaines postiches des régimens de Limosin, Bourgogne,

Médoc & Ponthieu.

l'absence des titulaires prisonniers de guerre, & qui depuis l'échange de ces titulaires & en conséquence de l'article III de l'ordonnance du 25 août 1745, ont passé à des lieutenances vacantes dans les compagnies de ces régimens, avec le titre de Capitaine-lieutenant, continueront à recevoir les quarante-deux sols d'appointemens par jour qui leur ont été réglez par ladite ordonnance, tant qu'ils serviront en ladite qualité, en passant présens aux revûes des Commissaires des guerres, sans tirer à conséquence pour leurs successeurs, lesquels n'auront que le titre de Lieutenant, & ne recevront que les appointemens ordinaires attachez à ce grade, sur le pied de vingt-deux sols dix deniers par jour.

Officiers qui ont remplacé ceux prisonniers de guerre des régimens dénommez dans l'ordonnance du 30 avril 1747.

Veut Sa Majesté que les appointemens qu'Elle a réglez par son ordonnance du 30 avril 1747, continuent d'être payez aux Officiers qui ont été pourvûs des places de ceux prisonniers de guerre attachez aux régimens dénommez dans ladite ordonnance.

Soldats surnuméraires du régiment du Roy.

Les cinq hommes surnuméraires que Sa Majesté a bien voulu par son ordonnance du 7 septembre 1741, entretenir au delà du complet en chacune des soixante-huit compagnies de son régiment d'Infanterie, sans tirer à conséquence pour les autres régimens, continueront à recevoir leur solde sur le pied de six sols six deniers par jour à chaque Grenadier, & de cinq sols six deniers à chaque Fusilier qui sera présent aux revûes des Commissaires des guerres, jusqu'audit nombre de cinq par compagnie; sans que cela produise aucune augmentation dans les haute-payes, ni dans les payes de gratification desdites compagnies.

Enseignes & Lieutenans en second, conservez avec appointemens.

L'Enseigne qui est en chacune des compagnies Colonelle & Lieutenante colonelle, le Lieutenant en second qui est conservé dans la troisième compagnie de Fusiliers des bataillons colonels, & les trois Lieutenans en second aussi conservez dans les trois premières compagnies de Fusiliers des second, troisième, quatrième & cinquième bataillons, sur le pied d'un dans chacune desdites trois premières compagnies, seront payez, sçavoir, chaque Enseigne sur le pied par jour de dix-sept sols dix deniers, y compris deux sols dix deniers de supplément; & chaque Lieutenant en second, sur celui de treize sols quatre deniers aussi par jour.

Etat-major.

Les Officiers de l'Etat-major de chaque régiment d'Infanterie françoise, y compris ceux où il y a Prévôté, seront payez sur le pied de trente-trois sols quatre deniers par jour au Colonel, quarante-cinq sols au Lieutenant-colonel, y compris vingt-cinq sols de supplément, outre leurs appointemens de Capitaine; trois livres six sols huit deniers au Major, y compris seize sols huit deniers de supplément, trente-six sols deux deniers à l'Aide-major, y compris deux sols dix deniers de supplément; vingt sols au Maréchal-des-logis, & dix sols à chacun des Aumônier & Chirurgien.

Prévôté en trente-quatre régimens.

Les Officiers de la Prévôté qui est en chacun des régimens de Picardie, Champagne, Navarre, Piedmont, Normandie, la Marine, la Tour-du-Pin, Bourbonnois, Auvergne, Monaco, Mailly, du Roy, Royal, Lyonnois, Dauphin, Anjou, Eu, la Reine, Royal-des-Vaisseaux, Orléans, la Couronne, Artois, Royal-Roussillon, Condé, Bourbon, Royal-la-Marine, Royal-Comtois, Rohan-Rochefort, Nice, Penthiévre, Chartres, Conty, Enghien & Gardes de Lorraine, seront payez sur le pied par jour de vingt-six sols huit deniers au Prévôt, treize sols quatre deniers à son Lieutenant, huit sols quatre deniers au Greffier, & cinq sols à chacun des cinq Archers & à l'Exécuteur de justice.

Commandant & Aide-major de bataillon.

Le Commandant de bataillon qui n'est point chef de régiment, aura trente-six sols huit deniers par jour, dont seize sols huit deniers de supplément, outre ses appointemens de Capitaine; & l'Aide-major de chacun desdits bataillons, même le cinquième qui est dans le premier bataillon du régiment du Roy, recevra trente-six sols deux deniers, aussi par jour, y compris deux sols dix deniers de supplément: Voulant Sa Majesté que l'augmentation ci-dessus mentionnée, continue d'être payée ainsi qu'il est réglé par l'ordonnance du 20 avril 1722.

Officiers réformez, à la suite des régimens.

Les Capitaines & Lieutenans réformez d'Infanterie, auxquels, en conformité de l'ordonnance du 25 juin 1725 Sa Majesté a fait expédier ses ordres signez du Secrétaire d'état de la guerre, pour servir à la suite des régimens, seront payez en passant présens aux revûes, sur le pied de trente-sept livres dix sols par mois à chaque Capitaine, & vingt livres à chaque Lieutenant.

Masse.

Outre la solde ci-dessus réglée pour les Sergens, Caporaux, Anspessades, Grenadiers, Soldats & Tambours, qui leur sera payée sans aucune retenue, au moyen de quoi ils doivent s'entretenir de linge & de chaussure, il sera donné vingt deniers par jour pour chaque Sergent, & dix deniers pour chacun des autres, même des trois cens quarante Soldats surnuméraires que Sa Majesté a bien voulu entretenir dans son régiment d'Infanterie, qui formeront une Masse toûjours complète pour chaque bataillon, sans avoir égard aux hommes qui pourroient manquer dans les compagnies; laquelle demeurera entre les mains du Trésorier, qui en donnera ses reconnoissances à la fin de l'année, au Major ou Officier chargé du détail du régiment ou bataillon, en deux billets, l'un à titre de Grosse Masse, sur le pied de douze deniers par Sergent & six deniers par Soldat, & l'autre à titre de Petite Masse, à raison de huit deniers par Sergent & de quatre deniers par Soldat; laquelle Masse sera remise sur la main-levée des Directeur ou Inspecteurs généraux, à ceux qui auront fait les fournitures de l'habillement & équipement desdits régimens ou bataillons.

ROYAL-ARTILLERIE.

Les dix compagnies de chacun des cinq bataillons du régiment Royal-Artillerie, composées de cent hommes chacune, seront payées sur le pied par jour, sçavoir,

Compagnies de Sappeurs.

celle de Sappeurs, composée du Capitaine en pied, d'un Capitaine en second, d'un premier Lieutenant, d'un Lieutenant en second, deux Sous-lieutenans, deux Cadets, quatre Sergens, deux Tambours, quatre Caporaux, quatre Anspessades & quatre-vingt-quatre Sappeurs,

à raison

à raiſon de ſept livres un ſol au Capitaine en pied, trois livres au Capitaine en ſecond, cinquante ſols au premier Lieutenant, quarante ſols au Lieutenant en ſecond, trente ſols à chacun des deux Sous-lieutenans, douze ſols à chacun des deux Cadets, vingt ſols ſix deniers à chacun des quatre Sergens, quatorze ſols ſix deniers à chacun des quatre Caporaux, onze ſols ſix deniers à chacun des quatre Anſpeſſades, neuf ſols ſix deniers à chacun de dix-huit des quatre-vingt-quatre Sappeurs, ſept ſols à chacun des ſoixante-ſix autres Sappeurs, & neuf ſols ſix deniers à chacun des deux Tambours.

Compagnies de Canonniers.

Les ſix compagnies de Canonniers de chaque bataillon, y compris celle d'augmentation par ordonnance du premier juillet 1747, ſeront compoſées chacune d'un Capitaine en pied, d'un Capitaine en ſecond, d'un premier Lieutenant, un Lieutenant en ſecond, deux Sous-lieutenans, deux Cadets, quatre Sergens, deux Tambours, quatre Caporaux, quatre Anſpeſſades & quatre-vingt-quatre Canonniers, & payées par jour, ſçavoir, ſept livres un ſol au Capitaine en pied, trois livres au Capitaine en ſecond, cinquante ſols au premier Lieutenant, quarante ſols au Lieutenant en ſecond, trente ſols à chacun des deux Sous-lieutenans, douze ſols à chacun des deux Cadets, vingt ſols ſix deniers à chacun des quatre Sergens, quatorze ſols ſix deniers à chacun des quatre Caporaux, onze ſols ſix deniers à chacun des quatre Anſpeſſades, neuf ſols ſix deniers à chacun de dix-huit des quatre-vingt-quatre Canonniers, ſept ſols à chacun de dix-huit autres, & ſix ſols à chacun des quarante-huit Canonniers reſtans, & neuf ſols ſix deniers à chacun des deux Tambours.

Compagnies de Bombardiers.

Les trois compagnies de Bombardiers de chaque bataillon, y compris celle d'augmentation par ordonnance du premier juillet 1747, ſeront compoſées chacune d'un Capitaine en pied, un Capitaine en ſecond, un premier Lieutenant, un Lieutenant en ſecond, deux Sous-lieutenans, deux Cadets, quatre Sergens, deux Tambours, quatre Caporaux, quatre Anſpeſſades, ſeize Artificiers-

Bombardiers, & ſoixante-huit Bombardiers, & payées par jour, ſçavoir, ſept livres un ſol au Capitaine en pied, trois livres au Capitaine en ſecond, cinquante ſols au premier Lieutenant, quarante ſols au Lieutenant en ſecond, trente ſols à chacun des deux Sous-lieutenans, douze ſols à chacun des deux Cadets, vingt ſols ſix deniers à chacun des quatre Sergens, quatorze ſols ſix deniers à chacun des quatre Caporaux, onze ſols ſix deniers à chacun des quatre Anſpeſſades, quinze ſols à chacun de quatre des ſeize Artificiers-Bombardiers, douze ſols à chacun de ſix autres, & dix ſols auſſi à chacun des ſix autres Artificiers-Bombardiers: entendant Sa Majeſté que l'augmentation de paye ſoit donnée ſeulement à ceux d'entr'eux qui ſe diſtingueront par leur zèle & capacité dans leur métier, & non à la ſimple ancienneté du ſervice; neuf ſols ſix deniers à chacun de douze des ſoixante-huit Bombardiers, ſept ſols à chacun de douze autres, ſix ſols à chacun des quarante-quatre Bombardiers reſtans, & neuf ſols ſix deniers à chacun des deux Tambours.

Payes de gratification de Royal-Artillerie.

A l'égard des payes de gratification, celles des dix nouvelles compagnies de Canonniers & de Bombardiers dont les cinq bataillons ont été augmentez par ordonnance du premier juillet 1747, ſeront établies du premier ſeptembre ſuivant pour les deux compagnies du bataillon de Vareix, & du premier mars 1748 pour les huit compagnies des quatre autres bataillons; & le Capitaine de chacune deſdites compagnies recevra dix deſdites payes de gratification de ſix ſols chacune, ſur la revûe qui ſera faite de ſa compagnie tous les mois, & qu'elle y aura paſſé de quatre-vingt-quinze juſqu'à cent hommes, huit deſdites payes de quatre-vingt-dix à quatre-vingt-quatorze, ſix de quatre-vingt-cinq à quatre-vingt-neuf, quatre de quatre-vingt à quatre-vingt-quatre, deux de ſoixante-quinze à ſoixante-dix-neuf, une ſeulement de ſoixante-dix à ſoixante-quatorze hommes, & rien au deſſous dudit nombre de ſoixante-dix hommes.

Et chaque Capitaine des anciennes compagnies qui,

en conſéquence de l'article III de l'ordonnance du premier novembre 1747, ne doit avoir le décompte des payes de gratification des cinq mois d'hiver, à commencer dudit mois de novembre 1747, qu'au mois d'avril 1748, recevra dix deſdites payes, ſçavoir, de ſept ſols chacune pour les Sappeurs, & de ſix ſols pour les Canonniers & Bombardiers, lorſque ſa compagnie aura paſſé compléte de cent hommes à la revûe dudit mois d'avril, huit à quatre-vingt-dix-huit & quatre-vingt-dix-neuf, ſix à quatre-vingt-ſeize & quatre-vingt-dix-ſept, quatre à quatre-vingt-quatorze & quatre-vingt-quinze, deux ſeulement à quatre-vingt-douze & quatre-vingt-treize, & rien au-deſſous dudit nombre de quatre-vingt-douze hommes.

E'tat-major des bataillons du régiment Royal-Artillerie.

L'Etat-major de chacun deſdits bataillons ſera payé à raiſon de ſix livres deux ſols deux deniers au Lieutenant-colonel, outre ſes appointemens de Capitaine; neuf livres trois ſols trois deniers au Major, ſix livres deux ſols deux deniers à l'Aide-major, cinquante ſols au Sous-aide-major, & dix ſols à chacun des Aumônier & Chirurgien.

Il ſera payé par jour cinq livres au Colonel-lieutenant dudit régiment, ſçavoir, cinquante-cinq ſols pour ſes appointemens en ladite qualité, & quarante-cinq ſols pour lui tenir lieu de la Prévôté que Sa Majeſté a jugé à propos de ſupprimer, ainſi que le Maréchal-des-logis, pour lequel traitement il ſera expédié des ordonnances particulières payables à Paris.

Mineurs.

Les cinq compagnies de Mineurs qui doivent ſervir ſéparément ou avec les cinq bataillons, portées par ordonnance du 10 août 1745 à ſoixante-quinze hommes, par une augmentation de vingt-cinq hommes, ſeront payées chacune ſur le pied par jour de ſix livres cinq ſols au Capitaine en premier, trois livres au Capitaine en ſecond, cinquante ſols au premier Lieutenant, quarante ſols au ſecond Lieutenant, trente ſols à chacun des deux Sous-lieutenans, douze ſols à chacun des deux Cadets, vingt ſols ſix deniers à chacun des quatre Sergens, quatorze ſols ſix deniers à chacun des quatre Caporaux, onze ſols ſix deniers à chacun des quatre Anſpeſſades, dix ſols ſix deniers à chacun des vingt-quatre Mineurs, ſept ſols à chacun des trente-cinq Apprentifs, & neuf ſols ſix deniers à chacun des deux Tambours; & ſept ſols pour chacune des ſept payes de gratification dont le Capitaine, en conſéquence de l'article III de l'ordonnance du premier novembre 1747, ne doit avoir le décompte pour les cinq mois d'hiver, à commencer dudit mois de novembre 1747, qu'au mois d'avril 1748, & que ſa compagnie aura paſſé compléte de ſoixante-quinze hommes à la revûe dudit mois d'avril; ſix deſdites payes ſi elle ne ſe trouve composée que de ſoixante-quatorze, quatre à ſoixante-treize, trois à ſoixante-douze, deux ſeulement à ſoixante-onze hommes, & rien au deſſous dudit nombre: Et pour conſtater les payes de gratification de la compagnie de Mineurs de Turmel, il ſera fait audit mois d'avril une revûe particulière des vingt-cinq Apprentifs ſurnuméraires entretenus dans ladite compagnie, qui ne doivent procurer au Capitaine, ainſi qu'il eſt ci-après expliqué, aucune augmentation de payes de gratification.

Payes de gratification.

Apprentifs ſurnuméraires de la compagnie de Mineurs de Turmel.

Il ſera payé ſept ſols par jour à chacun des vingt-cinq Apprentifs ſurnuméraires préſens aux revûes des Commiſſaires des guerres, que Sa Majeſté a bien voulu, par ſon ordonnance du 15 avril 1747, entretenir au delà du complet de ſoixante-quinze hommes dans la compagnie de Mineurs de Turmel, ſans tirer à conſéquence pour les autres compagnies de même eſpèce, & qu'à l'occaſion de ces ſurnuméraires le Capitaine puiſſe prétendre aucune augmentation dans les haute-payes ni dans les payes de gratification de ſa compagnie, à quoi Sa Majeſté n'entend rien changer; mais Elle ordonne néanmoins que ces ſurnuméraires ne ſoient point exclus de monter aux haute-payes, lorſque par ancienneté & capacité dans leur métier ils en ſeront ſuſceptibles.

Ouvriers.

Les cinq compagnies d'Ouvriers qui doivent auſſi ſervir avec leſdits bataillons, ou ſéparément, portées par ordonnance du 10 août 1745, à ſoixante hommes par une

augmentation

augmentation de vingt hommes, seront payées chacune sur le pied par jour de six livres au Capitaine, quarante sols au premier Lieutenant, trente-cinq sols au second Lieutenant, vingt-cinq sols au Sous-lieutenant, vingt sols à chacun des quatre Maître-ouvriers, dix-huit sols à chacun des quatre Sous-maître-ouvriers, à vingt-quatre Ouvriers quinze sols chacun, douze sols à chacun des douze autres Ouvriers, dix sols à chacun des quinze Apprentifs, & pareils dix sols au Tambour; & dix sols pour chacune des six payes de gratification dont le Capitaine, en conséquence de l'article III de l'ordonnance du premier novembre 1747, ne doit avoir le décompte pour les cinq mois d'hiver, à commencer dudit mois de novembre 1747, qu'au mois d'avril 1748, & que sa compagnie aura passé complète de soixante hommes à la revûe dudit mois d'avril, quatre desdites payes si elle ne se trouve composée que de cinquante-huit & cinquante-neuf, deux seulement à cinquante-sept hommes, & rien au dessous dudit nombre: & pour constater les payes de gratification de la compagnie d'Ouvriers de Guille, il sera fait audit mois d'avril une revûe particulière des vingt Apprentifs surnuméraires entretenus dans ladite compagnie, qui ne doivent procurer au Capitaine, ainsi qu'il est ci-après expliqué, aucune augmentation de payes de gratification.

Payes de gratification.

Il sera payé dix sols par jour à chacun des vingt Apprentifs surnuméraires présens aux revûes des Commissaires des guerres, que Sa Majesté a bien voulu, par son ordonnance du 15 avril 1747, entretenir au delà du complet de soixante hommes dans la compagnie d'Ouvriers de Guille, sans tirer à conséquence pour les autres compagnies de même espèce, & qu'à l'occasion de ces surnuméraires le Capitaine puisse prétendre aucune augmentation dans les haute-payes ni dans les payes de gratification de sa compagnie, à quoi Sa Majesté n'entend rien changer; mais Elle ordonne néanmoins que ces surnuméraires ne soient point exclus de monter aux haute-

Apprentifs surnuméraires dans la compagnie d'Ouvriers de Guille.

payes, lorſque par ancienneté & capacité dans leur métier ils en ſeront ſuſceptibles.

Maſſe du régiment Royal-Artillerie, & des compagnies de Mineurs & d'Ouvriers.

Outre la ſolde ci-deſſus réglée, il ſera donné, ainſi que dans les autres régimens d'Infanterie françoiſe, vingt deniers par jour pour chaque Sergent & chacun des quatre Maître-ouvriers dans les compagnies d'Ouvriers, & dix deniers pour chaque Cadet, Caporal, Anſpeſſade, Canonnier, Bombardier, Sappeur, Mineur, Sous-maître-ouvrier, Ouvrier, Apprentif, Fuſilier & Tambour; & pareils dix deniers pour les Apprentifs ſurnuméraires entretenus ſur le pied de vingt-cinq dans la compagnie de Mineurs de Turmel, & de vingt dans la compagnie d'Ouvriers de Guille, qui formeront une Maſſe toûjours compléte; du produit de laquelle le Tréſorier remettra de même à la fin de l'année, deux billets, ainſi qu'il eſt expliqué à l'Infanterie françoiſe, & le payement n'en ſera fait que ſur la main-levée du Directeur général des écoles d'artillerie.

Royal-Lorraine & Royal-Barrois.

Le régiment Royal-Lorraine, formé par ordonnance du 30 janvier 1744, & réduit à deux bataillons par celle du premier novembre 1745, & le régiment Royal-Barrois auſſi de deux bataillons, formé par ladite ordonnance du premier novembre, chaque bataillon compoſé de neuf compagnies, dont une de Grenadiers de cinquante hommes, & huit de Fuſiliers de ſoixante-quinze hommes chacune, ſera payé ſur le pied par jour, ſçavoir,

Compagnies de Grenadiers.

Chaque compagnie de Grenadiers, de ſept livres au Capitaine, quatre livres au Capitaine en ſecond, quarante ſols au Lieutenant en premier, trente-cinq ſols au Lieutenant en ſecond, douze ſols à chacun des trois Sergens, huit ſols ſix deniers à chacun des trois Caporaux, ſept ſols ſix deniers à chacun des trois Anſpeſſades, & ſix ſols ſix deniers à chacun des quarante Grenadiers & un Tambour.

Compagnies de Fuſiliers.

Chaque compagnie de Fuſiliers ſera payée ſur le pied par jour de ſix livres au Capitaine, trois livres dix ſols au Capitaine en ſecond, trente-cinq ſols au Lieutenant en premier, trente sols au Lieutenant en second, onze sols à chacun des quatre Sergens, sept sols six deniers à chacun des six Caporaux, six sols six deniers à chacun des six Anspessades, & cinq sols six deniers à chacun des cinquante-sept Fusiliers & deux Tambours.

Enseignes.

Il sera aussi payé par jour trente sols à chacun des trois Enseignes qui sont dans les trois premières compagnies de Fusiliers de chaque bataillon.

Etat-major avec Prévôté des deux régimens.

L'Etat-major de chacun de ces deux régimens sera payé sur le pied par jour, sçavoir, six livres au Colonel, quatre livres au Lieutenant-colonel, quarante sols au Commandant du second bataillon, outre leurs appointemens de Capitaine, six livres au Major, trois livres dix sols à chacun des deux Aide-majors, vingt sols au Maréchal-des-logis, dix sols à chacun des Aumônier & Chirurgien, vingt-six sols huit deniers au Prévôt, treize sols quatre deniers à son Lieutenant, huit sols quatre deniers au Greffier, & cinq sols à chacun des cinq Archers & à l'Exécuteur de justice.

WALONS.

Les régimens Royal-Walon & de Boufflers-Walon, levez par ordonnance du premier juillet 1744, composez chacun de deux bataillons, chaque bataillon de treize compagnies, dont une de Grenadiers de quarante-cinq hommes, & douze de Fusiliers de cinquante-cinq hommes chacune, seront payez, sçavoir:

Compagnies de Grenadiers.

Chaque compagnie de Grenadiers sur le pied par jour de quatre livres six deniers au Capitaine, trente-quatre sols dix deniers au Lieutenant, y compris deux sols dix deniers de supplément, vingt sols au Sous-lieutenant, douze sols à chacun des deux Sergens, huit sols six deniers à chacun des trois Caporaux, sept sols six deniers à chacun des trois Anspessades, six sols six deniers à chacun des trente-six Grenadiers & un Tambour, & six sols six deniers pour chacune des trois payes de gratification, dont le Capitaine, en conséquence de l'article III de l'ordonnance du premier novembre 1747, ne doit avoir le décompte pour les cinq mois d'hiver, à commencer dudit mois de novembre

Payes de gratification.

1747, qu'au mois d'avril 1748, & que sa compagnie aura passé compléte de quarante-cinq hommes à la revûe dudit mois d'avril, deux desdites payes si elle ne se trouve composée que de quarante-quatre, une seulement à quarante-trois hommes, & rien au dessous dudit nombre.

Soldats tirez pour les Grenadiers.

Le Capitaine de Grenadiers, au moyen du traitement ci-dessus, payera vingt-cinq livres de chaque Soldat qui sera tiré dans le régiment pour entrer dans sa compagnie.

Compagnies de Fusiliers.

Chacune des douze compagnies de Fusiliers par bataillon, sera payée sur le pied par jour de trois livres six sols huit deniers au Capitaine, y compris seize sols huit deniers de supplément, vingt-deux sols dix deniers au Lieutenant, y compris deux sols dix deniers de supplément, treize sols quatre deniers au Sous-lieutenant, onze sols à chacun des trois Sergens, sept sols six deniers à chacun des trois Caporaux, six sols six deniers à chacun des cinq Anspessades, cinq sols six deniers à chacun des quarante-trois Fusiliers & un Tambour: le Capitaine, outre l'appointement ci-dessus, recevra quatre payes de gratification de cinq sols six deniers chacune, dont le décompte ne sera fait pour les cinq mois d'hiver, à commencer du mois de novembre 1747, qu'au mois d'avril 1748, & que sa compagnie aura passé compléte de cinquante-cinq hommes à la revûe dudit mois d'avril, trois desdites payes si elle ne se trouve composée que de cinquante-trois & cinquante-quatre, deux à cinquante-deux, une seulement à cinquante-un hommes, & rien au dessous desdits cinquante-un hommes; lequel nombre de payes doit être donné au Capitaine suivant les gradations ci-dessus, sans avoir égard à ce qui est porté pour lesdites compagnies de Fusiliers, par l'article III de l'ordonnance du premier novembre 1747.

Payes de gratification.

Soldats Charpentiers.

Le Soldat Charpentier entretenu dans chacune des six premières compagnies de Fusiliers de chaque bataillon, recevra six deniers par jour d'augmentation de solde.

Enseignes.

L'Enseigne qui est en chacune des compagnies Colonelle & Lieutenante-colonelle, au lieu d'un Sous-lieutenant, sera

ſera payé par jour de dix-ſept ſols dix deniers, y compris deux ſols dix deniers de ſupplément.

E'tat-major.

Les Officiers de l'E'tat-major de chacun deſdits deux régimens, ſeront payez ſur le pied de trente-trois ſols quatre deniers par jour au Colonel, quarante-cinq ſols au Lieutenant-colonel, y compris vingt-cinq ſols de ſupplément, outre leurs appointemens de Capitaine; trois livres ſix ſols huit deniers au Major, y compris ſeize ſols huit deniers de ſupplément; trente-ſix ſols deux deniers à l'Aide-major, y compris deux ſols dix deniers de ſupplément; vingt ſols au Maréchal-des-logis, & dix ſols à chacun des Aumônier & Chirurgien.

Commandans & Aide-majors des ſeconds bataillons.

Le Commandant du ſecond bataillon de chacun deſdits régimens, ſera payé ſur le pied par jour de trente-ſix ſols huit deniers, y compris ſeize ſols huit deniers de ſupplément, outre ſes appointemens de Capitaine; & l'Aide-major deſdits bataillons, de trente-ſix ſols deux deniers auſſi par jour, y compris deux ſols dix deniers de ſupplément.

Maſſe des régimens Royal-Lorraine, Royal-Barrois & des régimens Walons.

Outre la ſolde ci-deſſus, il ſera donné vingt deniers par jour pour chaque Sergent, & dix deniers pour chaque Caporal, Anſpeſſade, Grenadier, Fuſilier & Tambour, qui formeront une Maſſe toûjours complete; du produit de laquelle le Tréſorier remettra à la fin de l'année deux billets, ainſi qu'il eſt expliqué à l'article de l'Infanterie françoiſe.

BATAILLON de FUSILIERS de MONTAGNE.

Les douze compagnies de ſoixante hommes chacune, du bataillon de Fuſiliers de Montagne, qui a été formé de ce qui reſtoit des deux bataillons ci-devant ſur pied, en conſéquence de l'ordonnance du 20 avril 1747, ſeront payées ſur le pied par jour de trois livres au Capitaine, à tel nombre que ſe trouve ſa compagnie aux revûes des Commiſſaires des guerres, trente ſols au Lieutenant, quinze ſols à chacun des quatre Brigadiers, onze ſols à chacun des quatre Sous-brigadiers, & neuf ſols à chacun des cinquante-un Fuſiliers & au Tambour. Le Capitaine recevra de plus ſept ſols pour chacune des trois payes de gratification que Sa Majeſté lui accorde (déduction faite des deux sols de retenue affectez à l'habillement, qu'il ne doit point avoir) lorsque sa compagnie se trouvera composée de cinquante-neuf & de soixante hommes, & deux desdites payes seulement lorsqu'elle ne sera que de cinquante-quatre jusqu'à cinquante-huit hommes, n'en pouvant prétendre aucune sa compagnie étant au dessous dudit nombre de cinquante-quatre hommes.

Capitaine réformé & Lieutenant en second, attachez à la compagnie Commandante.

Il sera attaché à la compagnie commandante dudit bataillon, un Capitaine réformé, aux appointemens de cinquante sols par jour, dont il jouira jusqu'à son remplacement à la première compagnie vacante, & le Lieutenant en second affecté à cette compagnie recevra vingt-cinq sols par jour.

Etat-major.

Les Officiers de l'Etat-major dudit bataillon seront payez sur le pied par jour de quarante sols au Commandant, outre ses appointemens de Capitaine, cinq livres au Major, cinquante sols à l'Aide-major, trente sols à l'Aumônier, & vingt-cinq sols au Chirurgien.

COMPAGNIE d'ARQUEBUSIERS D'AYGOIN.

La compagnie d'Arquebusiers d'Aygoin, levée en Roussillon par ordonnance du 10 février 1739, & portée à cent hommes par celle du 20 mars 1747, sera payée sur le pied par jour de six livres au Capitaine en pied, trois livres au Capitaine en second, trente sols à chacun des premier & second Lieutenans, quinze sols à chacun des quatre Brigadiers, onze sols à chacun des quatre Sous-brigadiers, & neuf sols à chacun des quatre-vingt-dix Arquebusiers & deux Tambours.

Retenue pour l'habillement du bataillon de Fusiliers de Montagne, & de la compagnie d'Aygoin.

Il sera retenu pour l'habillement, équipement & armement du bataillon de Fusiliers de Montagne, & de la compagnie d'Arquebusiers, quatre sols par jour sur la solde de chaque Brigadier, trois sols sur celle de chaque Sous-brigadier, & deux sols sur celle de chaque Fusilier, Arquebusier ou Tambour: Mais comme cette retenue ne peut avoir lieu sur la solde, que pour le nombre d'hommes dont les compagnies se trouveront composées aux revûes des Commissaires des guerres, ce qui opéreroit un vuide au Capitaine dans les fonds destinez aux réparations de sa troupe,

& Sa Majeſté voulant y ſuppléer, Elle veut bien prendre ſur ſon compte les deux ſols affectez à l'habillement, équipement & armement de chacun des Fuſiliers ou Arquebuſiers qui manqueront aux revûes de chaque mois, afin que cela compoſe une ſomme toûjours égale, ſans avoir égard aux hommes qui pourroient manquer dans les compagnies ; laquelle ſomme demeurera entre les mains du Tréſorier, qui en donnera ſa reconnoiſſance à la fin de chaque mois, au Major ou Officier chargé du détail dudit bataillon ou compagnie, pour être payée aux fourniſſeurs par le Tréſorier général de l'Extraordinaire des guerres à Paris, ſur la main-levée de l'Inſpecteur : au moyen de quoi Sa Majeſté entend que les Capitaines ſoient chargez de l'entretien général de leur troupe.

MILICES.

Chacun des bataillons de Milice levez dans les provinces du royaume, y compris les trois de la ville de Paris, & les neuf qui forment les trois régimens de la Milice de Lorraine & de Bar, compoſé de dix compagnies, ſera payé ſur le pied par jour, ſçavoir:

Compagnie de Grenadiers.

La compagnie de Grenadiers de cinquante hommes, à raiſon de quatre livres au Capitaine, trente-deux ſols au premier Lieutenant, vingt ſols au ſecond Lieutenant, douze ſols à chacun des deux Sergens, huit ſols ſix deniers à chacun des trois Caporaux, ſept ſols ſix deniers à chacun des trois Anſpeſſades, ſix ſols ſix deniers à chacun des quarante-un Grenadiers, & huit ſols ſix deniers au Tambour, qui à ce moyen entretiendra ſa caiſſe de peaux & cordages, & ſe fournira de baguettes.

Compagnie de Grenadiers poſtiches.

Celle de Grenadiers poſtiches, de ſoixante hommes, à raiſon de trois livres dix ſols au Capitaine, vingt-cinq ſols au Lieutenant, onze ſols à chacun des trois Sergens, ſept ſols ſix deniers à chacun des trois Caporaux, ſix ſols ſix deniers à chacun des trois Anſpeſſades, cinq ſols ſix deniers à chacun des cinquante Grenadiers poſtiches, & ſept ſols ſix deniers au Tambour, qui à ce moyen entretiendra ſa caiſſe de peaux & cordages, & ſe fournira de baguettes.

Compagnies de Fusiliers.

Et chacune des huit compagnies de Fusiliers, de soixante-quinze hommes, à raison de trois livres cinq sols au Capitaine, vingt sols au Lieutenant, onze sols à chacun des trois Sergens, sept sols six deniers à chacun des quatre Caporaux, six sols six deniers à chacun des quatre Anspessades, cinq sols six deniers à chacun des soixante-trois Fusiliers, & sept sols six deniers au Tambour, qui à ce moyen entretiendra sa caisse de peaux & de cordages, & se fournira de baguettes.

Capitaines en second.

Les Capitaines en second qui subsisteront à la suite des premières compagnies de Fusiliers de quelques bataillons, où ils ont été entretenus en conséquence de l'ordonnance du 15 septembre 1744, recevront chacun trois livres par jour jusqu'à ce qu'il y ait des compagnies vacantes dont ils puissent prendre le commandement.

Etat-major des cent trois bataillons de Milice y compris ceux de Paris.

Il sera payé, aussi par jour, trente sols au Lieutenant-Colonel, & où il n'y en aura pas, au Capitaine-Commandant de chaque bataillon, outre ses appointemens de Capitaine, & cinquante sols à l'Aide-major; & lorsque ce dernier se trouvera avoir la commission de Capitaine, ses appointemens lui seront payez sur le pied de trois livres par jour.

Etat-major de chacun des trois régimens de Milice de Lorraine.

Les Officiers de l'Etat-major de chacun des trois régimens de Milice de Lorraine, seront payez sur le pied par jour de quarante sols au Colonel, trente sols à chaque Commandant de bataillon, outre leurs appointemens de Capitaine, trois livres cinq sols à chaque Major, & cinquante sols à chaque Aide-major; & lorsque ce dernier se trouvera avoir la commission de Capitaine, ses appointemens lui seront payez sur le pied de trois livres par jour.

Retenue sur la solde, pour linge & chaussure des Milices.

Ordonne Sa Majesté qu'il soit retenu sur la solde, un sol par jour à chaque Sergent, & six deniers à chaque Caporal, Anspessade, Grenadier, Fusilier & Tambour, pour faire une Masse qui sera remise entre les mains de l'Aide-major, pour leur être délivrée & employée par les soins des Commissaires des guerres, à les fournir de linge & de chaussure.

Les

TROUPES BOULONNOISES.

Compagnie de Grenadiers.

Les régimens des troupes Boulonnoises, composez chacun de treize compagnies, seront payez pendant qu'ils serviront dans les places, sçavoir, la compagnie de Grenadiers de quarante-cinq hommes, sur le pied par jour de quatre livres six deniers au Capitaine, trente-quatre sols dix deniers au Lieutenant, douze sols à chacun des deux Sergens, huit sols six deniers à chacun des trois Caporaux, sept sols six deniers à chacun des trois Anspessades, six sols six deniers à chacun des trente-six Grenadiers & au Tambour; & six sols six deniers pour chacune des trois payes de gratification que le Capitaine doit recevoir, sa compagnie étant de quarante-cinq & quarante-quatre hommes, deux desdites payes la compagnie étant à quarante-un, quarante-deux & quarante-trois, une seulement lorsqu'elle ne sera qu'à quarante, & rien au dessous dudit nombre.

Compagnies de Fusiliers.

Chacune des douze compagnies de Fusiliers, composée de quarante hommes, sera payée à raison par jour de trois livres six sols huit deniers au Capitaine, vingt-deux sols dix deniers au Lieutenant, onze sols à chacun des deux Sergens, sept sols six deniers à chacun des trois Caporaux, six sols six deniers à chacun des trois Anspessades, & cinq sols six deniers à chacun des trente-un Fusiliers & un Tambour: le Capitaine, outre l'appointement ci-dessus, recevra trois payes de gratification de cinq sols six deniers chacune, lorsque sa compagnie se trouvera composée de quarante & trente-neuf hommes, deux desdites payes lorsqu'elle sera à trente-six, trente-sept & trente-huit hommes, une seulement à trente-cinq; n'en pouvant prétendre aucune, sa compagnie étant au dessous dudit nombre de trente-cinq hommes.

Enseignes.

L'Enseigne qui est en chacune des compagnies Colonelle & Lieutenante-colonelle, sera payé sur le pied par jour de dix-sept sols dix deniers.

Etat-major.

Les Officiers de l'Etat-major de chacun desdits régimens, seront payez sur le pied par jour de trente-trois sols quatre deniers au Colonel, quarante-cinq sols au Lieutenant-colonel, outre leurs appointemens de Capitaine; trois livres six sols huit deniers au Major, trente-six sols deux deniers à l'Aide-major, vingt sols au Maréchal-des-logis, & dix sols à chacun des Aumônier & Chirurgien.

Masse des troupes Boulonnoises.

Outre la solde ci-dessus réglée pour les Sergens, Caporaux, Anspessades, Grenadiers, Soldats & Tambours, qui leur sera payée sans aucune retenue, au moyen de quoi ils doivent s'entretenir de linge & de chaussure, il sera donné vingt deniers par jour pour chaque Sergent, & dix deniers pour chacun des autres, qui formeront une Masse toûjours compléte pour chaque bataillon, sans avoir égard aux hommes qui pourroient manquer dans les compagnies; laquelle demeurera entre les mains du Trésorier, qui en donnera ses reconnoissances à la fin de l'année, au Major ou autre Officier chargé du détail du régiment, en deux billets, ainsi qu'il est expliqué à l'article de l'Infanterie françoise, pour être ladite Masse employée à l'habillement & équipement desdits régimens, & remise sur la main-levée de l'Inspecteur desdites troupes Boulonnoises.

Compagnie de Dreux.

La compagnie de Dreux, qui est aux Isles Sainte-Marguerite & Saint-Honorat, composée d'un Capitaine, deux Lieutenans, deux Sergens, un Caporal, un Anspessade, trente Soldats & un Tambour, sera payée sur le pied par jour de quatorze livres trois sols quatre deniers au Capitaine, y compris onze livres cinq sols d'augmentation; trois livres trois sols quatre deniers à chacun des deux Lieutenans, y compris trente-trois sols quatre deniers d'augmentation; douze sols à chacun des deux Sergens, huit sols au Caporal, sept sols à l'Anspessade, six sols à chacun des trente Soldats & au Tambour; & le Chapelain qui est avec ladite compagnie, recevra seize sols huit deniers par jour.

Invalides.

Les compagnies détachées de l'Hôtel royal des Invalides, de soixante hommes chacune, seront payées, à la réserve de celles dont il sera parlé ci-après, sur le pied par jour de cinquante sols au Capitaine, de vingt sols à chaque Lieutenant, dix sols à chacun des trois Sergens, ſept ſols à chacun des trois Caporaux, ſix ſols à chacun des trois Anſpeſſades, & cinq ſols à chacun des cinquante Soldats & un Tambour: s'il ſe trouve des ſurnuméraires dans leſdites compagnies, les Commiſſaires des guerres les comprendront dans leurs revûes, & ils continueront d'être payez comme il a été réglé par l'Ordonnance du 22 juin 1737, de cinq ſols de ſolde par jour.

Compagnie de Dupuy de quatre-vingts hommes.

La compagnie de Dupuy, de quatre-vingts hommes, recevra le même traitement porté ci-deſſus pour les compagnies dudit Hôtel de ſoixante hommes, & les vingt hommes d'augmentation ſeront payez ſur le pied de cinq ſols par jour chacun.

Compagnies de Saint-Julien & de Ferrand, de cent hommes chacune.

La compagnie de Saint-Julien, en garniſon au château de Dijon, & celle de Ferrand en garniſon au fort de l'Ecluſe, portées juſqu'à cent hommes chacune par ordonnances particulières des 15 octobre 1740 & 15 novembre 1746, ſeront payées ſur le pied par jour de cinquante ſols au Capitaine, de vingt ſols à chaque Lieutenant, dix ſols à chacun des trois Sergens, ſept ſols à chacun des trois Caporaux, ſix ſols à chacun des trois Anſpeſſades, & cinq ſols à chacun des quatre-vingt-onze Fuſiliers, compris deux Tambours de chaque compagnie.

Compagnies de bas-Officiers de Chazal & de Beauſoleil, de cent cinquante hommes chacune.

Les compagnies de Chazal & de Beauſoleil, de bas-Officiers, de cent cinquante hommes chacune, ſeront payées ſur le pied par jour de cinquante ſols au Capitaine, pareils cinquante ſols au Capitaine en ſecond, vingt ſols à chaque Lieutenant, douze ſols à chacun des ſix Sergens, neuf ſols à chacun des ſix Caporaux, huit ſols à chacun des ſix Anſpeſſades, & ſept ſols à chacun des cent trente Fuſiliers & deux Tambours.

Compagnies de bas-Officiers de d'Autanne, Bruchet & l'Arzillier, de cent quarante hommes chacune.

Les compagnies de d'Autanne, Bruchet & l'Arzillier, auſſi de bas-Officiers, qui ſervent à Luneville à la garde à pied du Roy de Pologne, compoſées chacune de cent quarante hommes, ſeront payées ſur le pied par jour de trois livres au Capitaine, trente ſols à chacun des trois Lieutenans, douze ſols à chacun des ſix Sergens, neuf ſols à chacun des ſix Caporaux, huit ſols à chacun des ſix

Anſpeſſades, & ſept ſols à chacun des cent dix-huit Fuſiliers & quatre Tambours; & le ſieur la Croiſette Aide-major chargé du détail deſdites compagnies, ſera payé ſur le pied de trois livres auſſi par jour.

Compagnie de bas-Officiers de d'Apremont, de ſoixante-dix hommes.

La compagnie de d'Apremont ci-devant Dornet, de bas-Officiers, compoſée de ſoixante-dix hommes, ſera payée ſur le pied par jour de cinquante ſols au Capitaine, vingt ſols à chaque Lieutenant, douze ſols à chacun des trois Sergens, neuf ſols à chacun des trois Caporaux, huit ſols à chacun des trois Anſpeſſades, & ſept ſols à chacun des ſoixante-un Fuſiliers, compris un Tambour.

Compagnie de bas-Officiers de Juillet, de quatre-vingts hommes.

La compagnie de bas-Officiers de Juillet ci-devant d'Apremont, compoſée de quatre-vingts hommes, ſera payée ſur le pied par jour de cinquante ſols au Capitaine, vingt ſols à chacun des quatre Lieutenans, douze ſols à chacun des quatre Sergens, neuf ſols à chacun des quatre Caporaux, huit ſols à chacun des quatre Anſpeſſades, & ſept ſols à chacun des ſoixante-huit Fuſiliers, compris un Tambour.

Compagnies de Merciére & de Dumont, de cent hommes chacune.

Les compagnies de Merciére & de Dumont, chacune de cent hommes, ſeront payées en conſéquence des ordonnances particulières des 17 mai 1744 & premier mars 1745, ſur le pied par jour de cinquante ſols au Capitaine en pied, pareils cinquante ſols au Capitaine en ſecond, vingt ſols à chaque Lieutenant, douze ſols à chacun des quatre Sergens, neuf ſols à chacun des quatre Caporaux, huit ſols à chacun des quatre Anſpeſſades, & ſept ſols à chacun des quatre-vingt-huit Fuſiliers, compris deux Tambours de chaque compagnie.

Compagnies de bas-Officiers de le Tellier & de Toucheronde, de cent hommes.

La compagnie de bas-Officiers de le Tellier, ci-devant Jacquet, & celle de Toucheronde, portées chacune à cent hommes par ordonnance particulière du 31 juillet 1746, ſeront payées chacune ſur le pied par jour de cinquante ſols au Capitaine en pied, pareils cinquante ſols au Capitaine en ſecond, vingt ſols à chaque Lieutenant, douze ſols à chacun des quatre Sergens, neuf ſols à chacun des quatre Caporaux, huit ſols à chacun des quatre Anſpeſſades,

Anſpeſſades, & ſept ſols à chacun des quatre-vingt-ſix Fuſiliers & deux Tambours.

Augmentation de cinq ſols d'appointemens par jour aux Lieutenans des compagnies détachées de l'hôtel royal des Invalides.

Sa Majeſté ayant bien voulu accorder cinq ſols d'augmentation d'appointemens par jour, par ſon ordonnance du 26 mai 1747, à chaque Lieutenant des compagnies détachées de l'hôtel royal des Invalides (à l'exception de celles de bas Officiers de d'Autanne, Bruchet & de l'Arzillier qui ſervent à Luneville à la garde du Roy de Pologne) pour, avec les vingt ſols dont ils jouiſſent, faire vingt-cinq ſols par jour; Elle ordonne que cette augmentation d'appointemens ne ſoit payée, à commencer du premier juin 1747, qu'aux Lieutenans des compagnies où il n'y aura que quatre Officiers de ce grade, & que ceux des compagnies où il s'en trouvera au delà, ne continuent à recevoir que vingt ſols par jour juſqu'à ce qu'ils ſoient réduits à quatre par compagnie: Veut Sa Majeſté qu'il ne puiſſe y en être entretenu au delà de ce nombre, à vingt ſols par jour, que juſqu'au dernier décembre 1747, & qu'à commencer du premier janvier 1748 il ne ſoit employé dans les revûes des Compagnies détachées que quatre Lieutenans en chacune.

RÉGIMENT D'ARQUEBUSIERS de GRASSIN.

Le régiment d'Arquebuſiers de Graſſin, levé par ordonnance du premier janvier 1744, & augmenté par celles du 25 décembre ſuivant, & 20 mai 1745, juſqu'à quinze cens hommes, dont mille à pied & cinq cens à cheval, ſera payé, ſçavoir,

Compagnies de Grenadiers.

Chacune des deux compagnies de Grenadiers compoſée de cinquante hommes, ſur le pied par jour de ſix livres au Capitaine en pied, cinquante ſols au Capitaine en ſecond, quarante ſols au premier Lieutenant, vingt-cinq ſols au Lieutenant en ſecond, douze ſols à chacun des deux Sergens, huit ſols ſix deniers à chacun des trois Caporaux, ſept ſols ſix deniers à chacun des trois Anſpeſſades, & ſix ſols ſix deniers à chacun des quarante-un Grenadiers & un Tambour. Le Capitaine touchera de plus quatre payes de gratification de ſix ſols ſix deniers chacune, ſa compagnie étant de quarante-huit juſqu'au complet de cinquante;

trois desdites payes à quarante six & quarante-sept, deux à quarante-quatre & quarante-cinq, une seulement à quarante-deux & quarante-trois, & rien au dessous dudit nombre de quarante-deux.

Compagnies de Fusiliers de cent hommes.

Chacune des neuf compagnies de Fusiliers, sur le pied par jour de cinq livres au Capitaine en pied, cinquante sols au Capitaine en second, trente sols au premier Lieutenant, vingt sols au Lieutenant en second, seize sols huit deniers au Lieutenant réformé, onze sols à chacun des quatre Sergens, dix sols au Fourrier & à chacun des deux Cadets, neuf sols au Capitaine d'armes, sept sols six deniers à chacun des quatre Caporaux, six sols six deniers à chacun des quatre Anspessades, & cinq sols six deniers à chacun des quatre-vingt-deux Arquebusiers & deux Tambours: il sera de plus accordé au Capitaine huit payes de gratification de cinq sols six deniers chacune, sa compagnie étant au nombre de cent hommes; sept, de quatre-vingt-quinze à quatre-vingt-dix-neuf; six, de quatre-vingt-dix à quatre-vingt-quatorze; cinq, de quatre-vingt-cinq à quatre-vingt-neuf, & quatre seulement de quatre-vingt à quatre-vingt-quatre; le Capitaine n'en devant prétendre aucune sa compagnie étant au-dessous dudit nombre de quatre-vingt.

Compagnies à cheval.

Les cinq cens hommes à cheval formant huit compagnies, la Colonelle & Lieutenante-colonelle de cent hommes, & les six autres de cinquante hommes, seront payées, sçavoir:

Colonelle & Lieutenante-colonelle.

Chacune des deux premières compagnies, sur le pied par jour de huit livres au Capitaine en premier, quatre livres au premier Capitaine en second, trois livres dix sols à l'autre Capitaine en second, trois livres au premier Lieutenant, cinquante sols au Lieutenant en second, quarante-cinq sols au Cornette, vingt-six sols huit deniers à chacun des deux Maréchaux-des-logis, quatorze sols à chacun des quatre Cadets, neuf sols à chacun des six Brigadiers, & sept sols à chacun des quatre-vingt-huit Arquebusiers & deux Trompettes ou Tambours.

Chacune des ſix autres compagnies, ſur le pied par jour de ſix livres au Capitaine, trois livres au Lieutenant, quarante-cinq ſols au Cornette, vingt-ſix ſols huit deniers au Maréchal-des-logis, quatorze ſols à chacun des deux Cadets, neuf ſols à chacun des trois Brigadiers, & ſept ſols à chacun des quarante-quatre Arquebuſiers & au Trompette ou Tambour.

Autres compagnies.

Quant à l'Etat-major dudit régiment, il ſera payé au Colonel trois livres ſix ſols huit deniers, quarante ſols au Lieutenant-colonel, outre ce qu'ils doivent recevoir comme Capitaine, ſix livres au Major, trois livres à chacun des deux Aide-majors d'Infanterie & à celui de Cavalerie, trente ſols à l'Aumônier, & vingt ſols au Chirurgien.

Etat-major.

Outre la ſolde ci-deſſus, il ſera fait un fonds pour la Maſſe ſur le pied complet, à raiſon de vingt deniers par jour pour chaque Sergent, & dix deniers pour chaque Fourrier, Capitaine d'armes, Cadet, Caporal, Anſpeſſade, Grenadier, Arquebuſier, Tambour dans les compagnies à pied ; Cadet, Brigadier, Arquebuſier, Trompette ou Tambour dans les compagnies à cheval, dont il ſera délivré deux billets à la fin de l'année, ainſi qu'il eſt expliqué à l'Infanterie françoiſe.

Maſſe du régiment d'Arquebuſiers de Graſſin.

Le ſieur Malval entretenu à la ſuite dudit régiment en qualité de Capitaine réformé de Cavalerie par ordre du premier juin 1745, y ſera payé du jour qu'il a commencé à paſſer préſent aux revûes, ſur le pied de quarante-cinq ſols par jour.

Officiers réformez du régiment de Graſſin.

Sa Majeſté ayant réglé par ſon ordonnance particulière du 30 janvier 1744 pour l'incorporation dans le régiment de Graſſin des compagnies franches d'Infanterie de du Limont & Vandal, que les Officiers de ces compagnies ſerviroient en leur même qualité dans ledit régiment, Elle ordonne en conſéquence que ceux ci-après dénommez y ſoient payez de leurs appointemens, à commencer du jour qu'ils ont été employez préſens ſur les revûes dudit régiment, ſçavoir, le ſieur de Kaiſair Capitaine réformé venant de la compagnie de du Limont, ſur le pied de trente ſols par jour, & les ſieurs de Corenhuiſe, de Kaiſair Lieutenans réformez venant de ladite compagnie de du Limont, & de Vandal auſſi Lieutenant réformé venant de la compagnie de Vandal, ſur le pied chacun de ſeize ſols huit deniers par jour.

VOLONTAIRES ROYAUX.

Le corps des Volontaires-royaux, formé des compagnies franches en conſéquence de l'ordonnance du 15 août 1745, & réduit par celle particulière du 18 novembre 1746, à deux mille trois cens trente hommes, dont quatorze cens trente d'Infanterie & neuf cens Dragons, ſera payé, ſçavoir:

Compagnie de Guides.

La compagnie de cinquante Fuſiliers-guides, ſur le pied par jour de quatre livres au Capitaine, vingt-ſept ſols huit deniers au Lieutenant en pied, ſeize ſols huit deniers au Lieutenant réformé, treize ſols à chacun des deux Sergens, dix ſols ſix deniers à chacun des trois Caporaux, huit ſols ſix deniers à chacun des trois Anſpeſſades, & ſix ſols ſix deniers à chacun des quarante-un Fuſiliers-guides & un Tambour: le Capitaine recevra en outre trois payes de gratification de ſix ſols ſix deniers chacune, ſa compagnie étant compoſée de quarante-neuf ou cinquante hommes, deux lorſqu'elle ſera de quarante-ſix, quarante-ſept & quarante-huit, une ſeulement à quarante-cinq, & rien au deſſous dudit nombre.

Compagnie de Charpentiers & Bateliers, & entretien d'un Charretier.

La compagnie de Charpentiers & Bateliers, de ſoixante hommes, à raiſon par jour de quatre livres au Capitaine, trente-ſols au Lieutenant, ſeize ſols à chacun des deux Sergens, quatorze ſols à chacun des deux Caporaux, & douze ſols à chacun des vingt-huit Charpentiers & vingt-huit Bateliers: Il ſera de plus entretenu en ladite compagnie un Charretier, auquel il ſera payé vingt ſols par jour, pour conduire une charrette attelée de trois chevaux, qui ſervira à porter les principaux attirails propres aux conſtructions qu'il y aura à faire.

L'intention de Sa Majeſté eſt que le remplacement & l'entretien des trois chevaux & de la charrette, ſoient à la charge du Capitaine de ladite compagnie.

Chacune

Chacune des deux brigades, composée de onze cens dix hommes, dont six cens soixante d'Infanterie, & quatre cens cinquante Dragons, en sept compagnies, une de Grenadiers de soixante hommes, & les six autres de cent soixante-quinze hommes chacune, sçavoir, cent Fusiliers & soixante-quinze Dragons, sera payée sur le pied par jour,

Compagnie de Grenadiers.

La compagnie de Grenadiers, de six livres au Capitaine, cinquante sols au premier Lieutenant, quarante sols au Lieutenant en second, trente sols au Sous-lieutenant, quinze sols au Chirurgien, douze sols à chacun des trois Sergens, dix sols à chacun des trois Caporaux, huit sols six deniers à chacun des trois Anspessades, huit sols au Tambour, & six sols six deniers à chacun des quarante-neuf Grenadiers.

Le Capitaine de ladite compagnie payera vingt-cinq livres pour chaque homme qu'il tirera du corps, habillé, mais sans armes.

Compagnies de cent soixante-quinze hommes.

Chacune des six compagnies de cent soixante-quinze hommes, commandée par un Capitaine en pied, qui recevra dix livres par jour, sera payée, sçavoir,

Fusiliers.

Les Fusiliers, de cinquante sols aussi par jour au premier Capitaine en second, quarante sols au second Capitaine en second, trente-cinq sols au premier Lieutenant, trente sols au Lieutenant en second, vingt-cinq sols au premier Sous-lieutenant, vingt sols au second Sous-lieutenant, douze sols au Chirurgien, dix sols au Fourrier, onze sols à chacun des six Sergens, neuf sols six deniers à chacun des neuf Caporaux, sept sols six deniers à chacun des neuf Anspessades, six sols six deniers à chacun des deux Tambours, & cinq sols six deniers à chacun des soixante-douze Fusiliers;

Dragons.

Et les Dragons, de trois livres au Capitaine en second, cinquante sols au premier Lieutenant, quarante sols au Lieutenant en second, trente-cinq sols au Sous-lieutenant, trente sols à chacun des deux Maréchaux-des-logis, quinze sols au Chirurgien, neuf sols six deniers à chacun des six

Brigadiers, huit ſols aux deux Tambours, & ſept ſols à chacun des ſoixante-ſix Dragons.

Payes de gratification de chaque compagnie de cent ſoixante-quinze hommes.

Le Capitaine en pied recevra, outre ſes appointemens, quatre cens livres par an pour les payes de gratification de ſa compagnie d'Infanterie, dont moitié lui ſera payée lorſqu'elle ſera à quatre-vingt-deux hommes en entrant en garniſon, & le ſurplus ſi elle eſt compléte au premier avril ſuivant.

Etat-major & entretien de deux charretiers.

L'Etat-major de ce corps recevra, ſçavoir, le Colonel commandant établi par ordonnance du 20 janvier 1747, cent ſoixante-ſix livres treize ſols quatre deniers par mois, outre ce qu'il doit recevoir comme Capitaine d'une compagnie de cent ſoixante-quinze hommes, ſix livres par jour au Major, trois livres à chacun des deux Aide-majors d'Infanterie, quatre livres à chacun des deux Aide-majors de Dragons, trente ſols à l'Aumônier, pareils trente ſols au Chirurgien, & vingt ſols au Prevôt.

Il ſera de plus entretenu deux Charretiers à vingt ſols chacun par jour, à la ſuite dudit corps, pour conduire deux caiſſons de cartouches & de petards, attelez chacun de deux chevaux.

L'ntention de Sa Majeſté eſt que le remplacement de ces quatre chevaux ſoit à la charge des Officiers du corps, ainſi que l'entretien des caiſſons & harnois.

Officiers réformez.

Les Officiers des compagnies franches pour leſquels il ne ſe ſera pas trouvé ſuffiſamment d'emplois dans ledit corps, y ſeront entretenus à la ſuite avec les appointemens ordinaires d'Officiers réformez, ſuivant leur grade, juſqu'à leur remplacement aux premières places vacantes.

Maſſe.

Outre la ſolde ci-deſſus réglée il ſera fait fonds pour la Maſſe ſur le pied complet, à raiſon de vingt deniers pour chaque Sergent, & de dix deniers pour chaque Chirurgien, Fourrier, Caporal, Anſpeſſade, Guide, Charpentier, Batelier, Grenadier, Fuſilier & Tambour dans les compagnies d'Infanterie, & pareils dix deniers pour chaque Brigadier, Dragon ou Tambour dans les compagnies de Dragons, dont il ſera délivré deux billets à la fin de l'année, ainſi qu'il eſt expliqué à l'Infanterie françoiſe. Cette Maſſe ſera en commun, tant pour l'Infanterie que pour les Dragons, & il n'en ſera rien délivré ſous quelque prétexte que ce ſoit, que ſur la main-levée de l'Inſpecteur.

Complet. Sa Majeſté ayant reconnu que la Maſſe ne feroit pas ſuffiſante pour l'habillement de ce corps, & voulant bien le favoriſer par des conſidérations particulières, elle ordonne, (ſans tirer à conſéquence pour ſes troupes, ſoit légères ou autres) que la ſolde des Sergens, Chirurgiens, Fourriers, Caporaux, Anſpeſſades, Guides, Charpentiers, Bateliers, Grenadiers, Fuſiliers, Brigadiers, Dragons, & Tambours d'Infanterie & de Dragons, ſoit payée ſur le pied complet, à quelque nombre que les compagnies paſſent dans les revûes des Commiſſaires des guerres, auxquels Sa Majeſté enjoint de les faire avec la dernière exactitude; & il ſera fait une maſſe du revenant-bon que le complet pourra produire, dont il ne ſera diſpoſé que ſur la main-levée qu'en donnera l'Inſpecteur.

Linge & Chauſſure. Il ſera retenu à chaque Sergent, Charpentier & Batelier dix-huit deniers par jour, à chaque Fourrier & Caporal un ſol, à chaque Anſpeſſade, Guide, Grenadier, Fuſilier & Tambour ſix deniers, à chaque Brigadier un ſol, & à chaque Dragon neuf deniers, pour faire une Maſſe qui ſera employée à l'entretien du linge & de la chauſſure, & le décompte leur en ſera fait au premier avril de chaque année, dans le courant de laquelle il ne ſera rien délivré de la retenue, qu'en conſéquence des ordres du Commandant du corps, le fonds étant uniquement deſtiné à l'entretien des effectifs, ſans que les Capitaines puiſſent en aucun cas y rien prétendre.

CHASSEURS de FISCHER. Le corps de Chaſſeurs de Fiſcher, compoſé de ſix cens hommes, dont quatre cens à pied & deux cens à cheval, en conſéquence de l'ordonnance du 15 ſeptembre 1747, ſera payé, ſçavoir:

Compagnies d'infanterie. Chacune des quatre compagnies d'infanterie de cent hommes chacune, ſur le pied par jour de cinquante ſols au premier Capitaine en ſecond, quarante-cinq ſols au ſecond

Capitaine en ſecond, trente-cinq ſols au Lieutenant, trente ſols au Lieutenant en ſecond, vingt ſols à chacun des trois Sergens, ſeize ſols à chacun des trois Caporaux, quatorze ſols à chacun des trois Anſpeſſades, & dix ſols à chacun des quatre-vingt-onze Chaſſeurs à pied.

Compagnies de cavalerie.

Chacune des quatre compagnies de cavalerie de cinquante hommes, ſur le pied par jour de trois livres dix ſols au Capitaine en ſecond, cinquante ſols au Lieutenant, trente-cinq ſols au Lieutenant en ſecond, trente ſols au Sous-lieutenant, vingt-cinq ſols au Maréchal-des-logis, ſeize ſols à chacun des trois Brigadiers, & dix ſols à chacun des quarante-ſept Chaſſeurs à cheval.

Entend Sa Majeſté qu'au moyen du traitement ci-deſſus, le Commandant du corps ſoit chargé de l'habillement, armement, équipement & entretien deſdits ſix cens Chaſſeurs.

E'tat-major.

L'E'tat-major dudit corps ſera payé ſur le pied par jour de dix livres au Commandant, trois livres à l'Aide-major, & vingt ſols au Chirurgien.

RÉGIMENT de FUSILIERS de la MORLIERE.

Le régiment de troupes légères de Fuſiliers de la Morliere, levé par ordonnance du 16 octobre 1745, & augmenté par celle du premier décembre 1746 juſqu'à quinze cens hommes, dont mille à pied & cinq cens à cheval, ſera payé, ſçavoir :

Compagnies de Grenadiers.

Chacune des deux compagnies de Grenadiers, de cinquante hommes, ſur le pied par jour de ſix livres au Capitaine, cinquante ſols au Capitaine en ſecond, quarante ſols au premier Lieutenant, vingt-cinq ſols au Lieutenant en ſecond, douze ſols à chacun des deux Sergens, huit ſols ſix deniers à chacun des trois Caporaux, ſept ſols ſix deniers à chacun des trois Anſpeſſades, & ſix ſols ſix deniers à chacun des quarante-un Grenadiers & un Tambour. Le Capitaine touchera de plus quatre payes de gratification de ſix ſols ſix deniers chacune, ſa compagnie étant de quarante-huit hommes juſqu'au complet de cinquante, trois deſdites payes à quarante-ſix & quarante-ſept, deux à quarante-quatre & quarante-cinq, une ſeulement à quarante-

quarante-deux & quarante-trois, & rien au deſſous dudit nombre de quarante-deux.

Chacune des neuf compagnies de Fuſiliers, de cent hommes, ſur le pied par jour de cinq livres au Capitaine, cinquante ſols au Capitaine en ſecond, trente ſols au premier Lieutenant, vingt ſols au Lieutenant en ſecond, ſeize ſols huit deniers au Sous-lieutenant, onze ſols à chacun des quatre Sergens, neuf ſols au Capitaine d'armes, ſept ſols ſix deniers à chacun des ſix Caporaux, ſix ſols ſix deniers à chacun des ſix Anſpeſſades, ſept ſols ſix deniers à chacun des quatre Ouvriers, & cinq ſols ſix deniers à chacun des ſoixante-dix-ſept Fuſiliers & deux Tambours. Il ſera de plus accordé au Capitaine huit payes de gratification de cinq ſols ſix deniers chacune, ſa compagnie étant au nombre de cent hommes, ſept de quatre-vingt-quinze à quatre-vingt-dix-neuf, ſix de quatre-vingt-dix à quatre-vingt-quatorze, cinq de quatre-vingt-cinq à quatre-vingt-neuf, & quatre ſeulement de quatre-vingt à quatre-vingt-quatre, le Capitaine n'en devant prétendre aucune ſa compagnie étant au-deſſous dudit nombre de quatre-vingt. *Compagnies de Fuſiliers.*

Chacune des dix compagnies de Dragons, de cinquante hommes, ſur le pied par jour de ſix livres au Capitaine, trois livres au Lieutenant, quarante-cinq ſols au Cornette, vingt-ſix ſols huit deniers au Maréchal-des-logis, neuf ſols à chacun des trois Brigadiers, & ſept ſols à chacun des quarante-ſix Dragons & au Tambour. *Compagnies de Dragons.*

L'Etat-major dudit régiment ſera payé ſur le pied par jour de vingt-quatre livres au Colonel, & quinze livres au Lieutenant-colonel, tant pour leurs appointemens en ladite qualité, que pour leur tenir lieu de ceux de Capitaine, ne devant être attachez à aucune compagnie; ſix livres au Major, trois livres à chacun des deux Aide-majors d'Infanterie & à celui de Dragons, trente ſols à l'Aumônier, & pareils trente ſols au Chirurgien. *Etat-major dudit regiment.*

Outre la ſolde ci-deſſus il ſera fait un fonds pour la Maſſe ſur le pied complet, à raiſon de vingt deniers par jour pour chaque Sergent, & dix deniers pour chaque Capitaine *Maſſe du régiment de la Morliere.*

d'armes, Caporal, Anſpeſſade, Grenadier, Ouvrier, Fuſilier, Brigadier, Dragon & Tambour dans l'Infanterie & les Dragons, dont il ſera délivré deux billets à la fin de l'année, ainſi qu'il eſt expliqué à l'Infanterie françoiſe.

ROYAL-CANTABRES.

Le régiment Royal-Cantabres porté à ſeize cens quatre hommes par ordonnance du premier juillet 1747, dont treize cens d'infanterie, trois cens Huſſards & quatre Tambourins, ſera payé ſur le pied par jour, ſçavoir,

Compagnies de Grenadiers.

Chacune des deux compagnies de Grenadiers de cinquante hommes, à raiſon de ſix livres au Capitaine en pied, quarante ſols au Lieutenant en premier, vingt-cinq ſols au Lieutenant en ſecond, douze ſols à chacun des deux Sergens, huit ſols ſix deniers à chacun des trois Caporaux, ſept ſols ſix deniers à chacun des trois Anſpeſſades, dix ſols au Capitaine d'armes, & ſix ſols ſix deniers à chacun des quarante Grenadiers & au Tambour : le Capitaine touchera de plus quatre payes de gratification de ſix ſols ſix deniers chacune, ſa compagnie étant à quarante-huit hommes juſqu'au complet de cinquante, trois payes à quarante-ſix & quarante-ſept, deux à quarante-quatre & quarante-cinq, une ſeulement à quarante-deux & quarante-trois, & rien au deſſous dudit nombre de quarante-deux.

Compagnies de Fuſiliers.

Chacune des ſeize compagnies de Fuſiliers de ſoixante-quinze hommes, à raiſon de quatre livres dix ſols au Capitaine en pied, trente ſols au premier Lieutenant, vingt ſols au Lieutenant en ſecond, onze ſols à chacun des trois Sergens, dix ſols au Fourrier, neuf ſols au Capitaine d'armes, ſept ſols ſix deniers à chacun des ſix Caporaux, ſix ſols ſix deniers à chacun des ſix Anſpeſſades, & cinq ſols ſix deniers à chacun des cinquante-ſix Fuſiliers & des deux Tambours : le Capitaine touchera de plus ſix payes de gratification de cinq ſols ſix deniers chacune, ſa compagnie étant au nombre de ſoixante-douze à ſoixante-quinze hommes, quatre payes de ſoixante-neuf à ſoixante-onze, deux de ſoixante-cinq à ſoixante-huit, & une ſeulement de ſoixante à ſoixante-quatre, ne devant être payé que pour les effectifs lorſque ſa compagnie ſe trouvera au deſſous de ſoixante hommes.

Entend Sa Majesté que les payes de gratification soient payées, sçavoir, aux Capitaines des dix anciennes compagnies de Fusiliers, sur le pied des gradations ci-dessus, leur compagnie étant à soixante-quinze hommes; & jusqu'à ce qu'elles aient passé à ce nombre aux revûes des Commissaires des guerres, ils ne les recevront que sur le pied qui a été réglé pour l'ancienne composition de leur compagnie à cinquante hommes. Quant aux Capitaines des deux compagnies de Grenadiers & des six nouvelles compagnies de Fusiliers, les payes de gratification ne leur seront données qu'à commencer seulement du premier mars prochain, pourvû que leurs compagnies aient passé au nombre de cinquante hommes pour les Grenadiers, & de soixante-quinze pour les Fusiliers.

Etablissement des payes de gratification.

L'Enseigne qui est en chacune des six premieres compagnies de Fusiliers, recevra vingt-cinq sols par jour.

Enseigne.

Chacune des six compagnies de Hussards de cinquante hommes, sera payée sur le pied par jour de six livres au Capitaine, trois livres au Lieutenant, quarante-cinq sols au Cornette, vingt-six sols huit deniers au Maréchal-des-logis, neuf sols à chacun des trois Brigadiers, & sept sols à chacun des quarante-six Hussards & au Trompette.

Compagnies de Hussards.

A l'égard de l'Etat-major, il sera payé par jour à raison de vingt-quatre livres au Colonel, & quinze livres au Lieutenant-colonel, tant pour leurs appointemens en ladite qualité, que pour leur tenir lieu de ceux de Capitaine, ne devant être attachez à aucune compagnie; six livres au Major, trois livres à chacun des deux Aide-majors d'Infanterie, & pareille somme de trois livres à celui de la Cavalerie, trente sols à l'Aumônier, vingt sols au Chirurgien, & douze sols à chacun des quatre Tambourins entretenus à la suite dudit régiment.

Etat-major.

Outre la solde ci-dessus il sera fait un fonds pour la Masse sur le pied complet, à raison par jour de vingt deniers par Sergent, & dix deniers par Fourrier, Capitaine-d'armes, Caporal, Anspessade, Grenadier, Fusilier, Tambour & Tambourin, Brigadier, Hussard & Trompette, dont il sera

Masse.

délivré deux billets à la fin de l'année, ainsi qu'il est expliqué à l'infanterie françoise.

Volontaires de Gantés. Le corps de Volontaires de Gantés, levé par ordonnance du 30 janvier 1746, & auquel il a été fait quelque changement par celle du 22 avril 1747, & composé de cinq cens hommes, dont trois cens d'infanterie & deux cens à cheval, sera payé sur le pied par jour, sçavoir :

Compagnies d'Infanterie. Chacune des quatre compagnies d'infanterie, composée de soixante-quinze hommes, à raison de quatre livres au Capitaine, trente sols au premier Lieutenant, vingt sols au Lieutenant en second, onze sols à chacun des trois Sergens, sept sols six deniers à chacun des six Caporaux, six sols six deniers à chacun des six Anspessades, sept sols six deniers à chacun des trois Charpentiers, & cinq sols six deniers à chacun des cinquante-six Fusiliers & au Tambour. Le Capitaine touchera de plus six payes de gratification, de cinq sols six deniers chacune, sa compagnie étant compléte au nombre de soixante-quinze hommes, cinq desdites payes de soixante-douze à soixante-quatorze, quatre de soixante-neuf à soixante-onze, trois de soixante-six à soixante-huit, deux de soixante-trois à soixante-cinq, & une seulement de soixante à soixante-deux; le Capitaine n'en devant prétendre aucune, sa compagnie étant au dessous dudit nombre de soixante hommes.

Compagnies de Hussards. Chacune des deux compagnies de Hussards, composée de soixante-quinze hommes, sur le pied de six livres au Capitaine en premier, quatre livres au Capitaine en second, trois livres au Lieutenant en premier, deux livres au Lieutenant en second, vingt-six sols huit deniers aux deux Maréchaux des logis, neuf sols aux trois Brigadiers, & sept sols à chacun des soixante-onze Hussards & au Trompette.

Compagnie de Dragons. La compagnie de Dragons, composée de cinquante hommes, à raison de quatre livres dix sols au Capitaine, deux livres au Lieutenant en premier, une livre dix sols au Lieutenant en second, une livre au Maréchal-des-logis, sept sols six deniers à chacun des trois Brigadiers, & six sols six deniers à chacun des quarante-six Dragons & un Tambour.

L'Etat-major

L'Etat-major sera payé sur le pied par jour de quinze livres au Commandant, tant pour ses appointemens en ladite qualité, que pour lui tenir lieu de ceux de Capitaine, n'étant attaché à aucune compagnie de ce corps; trois livres à l'Aide-major d'infanterie, pareilles trois livres à l'Aide-major de Hussards & de Dragons, & vingt sols au Chirurgien. *Etat-major dudit régiment.*

Outre la solde ci-dessus il sera fait un fonds pour la Masse sur le pied complet, à raison par jour de vingt deniers par Sergent, & de dix deniers par chacun des Caporaux, Anspessades, Charpentiers, Fusiliers, Brigadiers, Hussards, Dragons, Trompettes & Tambours, des quatre compagnies d'infanterie, & de celles de Hussards & Dragons, dont il sera délivré deux billets à la fin de l'année, ainsi qu'il est expliqué à l'article de la Masse de l'infanterie françoise. *Masse.*

La compagnie de Fusiliers-guides, levée par ordonnance du 22 janvier 1746, pour servir à l'armée de Flandre, & composée de vingt-cinq hommes, dont douze à cheval, sera payée sur le pied par jour de quatre livres au Capitaine, vingt-sept sols huit deniers au Lieutenant en pied, vingt sols au Lieutenant réformé, treize sols à chacun des deux Sergens, dont un à cheval; dix sols six deniers à chacun des deux Caporaux, dont un à cheval, huit sols six deniers à l'Anspessade, & six sols six deniers à chacun des vingt Fusiliers-guides, dont dix à cheval. Le Capitaine touchera de plus, sa compagnie étant compléte, deux payes de gratification de six sols six deniers chacune. *COMPAGNIE de FUSILIERS-GUIDES.*

Outre la solde ci-dessus, il sera fait un fonds pour la Masse sur le pied complet, à raison par jour de vingt deniers pour chaque Sergent, & de dix deniers pour chacun des vingt-trois Caporaux, Anspessades & Fusiliers, tant à pied qu'à cheval, dont il sera délivré deux billets à la fin de l'année, ainsi qu'il est expliqué à l'article de la Masse de l'infanterie françoise. *Masse.*

La compagnie d'infanterie de Croates, levée par ordonnance particulière du 5 mai 1746, & composée de deux *COMPAGNIE d'INFANTERIE de CROATES.*

cens quarante hommes, sera payée sur le pied par jour de dix livres au Capitaine-commandant, quatre livres à chacun des quatre Capitaines en second, cinquante sols à chacun des quatre Lieutenans, trente-cinq sols à chacun des quatre Lieutenans en second, douze sols à chacun des douze Sergens, neuf sols six deniers à chacun des douze Caporaux, huit sols six deniers à chacun des dix-huit Anspessades, sept sols six deniers à chacun des douze Ouvriers & des quatre Tambours, huit sols à chacun des six Guides ou Interprètes, cinq sols six deniers à chacun des cent soixante-seize Soldats Croates, & vingt sols au Chirurgien. Le Capitaine-commandant touchera de plus six cens livres par an, pour lui tenir lieu des payes de gratification de sa compagnie, dont moitié lui sera payée lorsqu'elle sera à cent-soixante hommes en entrant en garnison, & le surplus si elle est compléte au premier avril suivant.

Masse.

Outre la solde ci-dessus il sera fait un fonds pour la Masse sur le pied complet, à raison de vingt deniers par jour pour chacun des douze Sergens, & dix deniers pour chacun des deux cens vingt-huit autres, dont il sera délivré deux billets à la fin de l'année, ainsi qu'il est expliqué à l'article de la Masse de l'infanterie françoise.

Régiment de Bretons-Volontaires.

Le régiment des troupes légères de Bretons-Volontaires, levé par ordonnance du 30 octobre 1746, & augmenté par celle du 30 octobre 1747 jusqu'à quinze cens hommes, dont mille à pied & cinq cens à cheval, sera payé sur le pied par jour, sçavoir:

Compagnies de Grenadiers.

Chacune des deux compagnies de Grenadiers, de cinquante hommes, sur le pied de six livres au Capitaine, cinquante sols au Capitaine en second, quarante sols au premier Lieutenant, vingt-cinq sols au Lieutenant en second, douze sols à chacun des deux Sergens, huit sols six deniers à chacun des trois Caporaux, sept sols six deniers à chacun des trois Anspessades, & six sols six deniers à chacun des quarante-un Grenadiers & un Tambour. Le Capitaine touchera de plus quatre payes de gratification, de six sols six deniers chacune, sa compagnie étant de quarante-huit hommes jusqu'au complet de cinquante; trois desdites payes à quarante six & quarante-sept, deux à quarante-quatre & quarante-cinq, une seulement à quarante-deux & quarante-trois, & rien au dessous dudit nombre de quarante-deux.

Compagnies de Fusiliers.

Chacune des neuf compagnies de Fusiliers, composée de cent hommes, sur le pied de cinq livres au Capitaine, cinquante sols au Capitaine en second, trente sols au premier Lieutenant, vingt sols au Lieutenant en second, seize sols huit deniers au Sous-lieutenant, onze sols à chacun des quatre Sergens, dix sols à chacun des deux Cadets, neuf sols au Capitaine d'armes, sept sols six deniers à chacun des six Caporaux & des quatre Ouvriers, six sols six deniers à chacun des six Anspessades, & cinq sols six deniers à chacun des soixante-quinze Fusiliers & deux Tambours. Il sera de plus accordé au Capitaine huit payes de gratification, de cinq sols six deniers chacune, sa compagnie étant au complet de cent hommes, sept de quatre-vingt-quinze à quatre-vingt-dix-neuf, six de quatre-vingt-dix à quatre-vingt-quatorze, cinq de quatre-vingt-cinq à quatre-vingt-neuf, & quatre seulement de quatre-vingt à quatre-vingt-quatre; le Capitaine n'en devant prétendre aucune, sa compagnie étant au dessous dudit nombre de quatre-vingt. A l'égard de la neuvième compagnie d'augmentation, le Capitaine ne recevra les payes de gratification ci-dessus réglées, qu'à commencer du premier avril 1748.

Compagnies de Hussards.

Chacune des dix compagnies de Hussards, de cinquante Maîtres, sera payée sur le pied de six livres au Capitaine, trois livres au Lieutenant, quarante-cinq sols au Cornette, vingt-six sols huit deniers au Maréchal-des-logis, neuf sols à chacun des trois Brigadiers, & sept sols à chacun des quarante-six Hussards & un Trompette.

Etat-major.

L'Etat-major dudit régiment sera payé sur le pied par jour de vingt-quatre livres au Colonel, quinze livres au Lieutenant-colonel, tant pour leurs appointemens en ladite qualité, que pour leur tenir lieu de ceux de Capitaine, ne devant être attachez à aucune compagnie; six livres au

Major, trois livres à chacun des deux Aide-majors d'infanterie & à celui de cavalerie, trente sols à l'Aumônier, & pareille somme au Chirurgien.

Masse. Outre la solde ci-dessus, il sera fait un fonds pour la Masse sur le pied complet, à raison de vingt deniers par jour pour chaque Sergent, & dix deniers pour chaque Cadet, Capitaine d'armes, Caporal, Ouvrier, Anspessade, Grenadier, Fusilier, Tambour, Brigadier, Hussard & Trompette; du produit de laquelle il sera délivré deux billets à la fin de l'année, ainsi qu'il est expliqué à l'article de l'infanterie françoise. A l'égard de la Masse de la compagnie de Fusiliers & des quatre compagnies de Hussards d'augmentation, elle n'aura lieu que du premier avril 1748.

Compagnies de Chasseurs a pied de Berenguier de Sabattier, & de Colonne. Les deux compagnies de Chasseurs à pied de Berenguier de Sabattier, & de Colonne, levées par ordonnance du premier février 1747, seront payées sur le pied par jour, sçavoir, chaque compagnie composée de deux cens hommes, à raison de sept livres au Capitaine en pied, cinquante sols au premier Capitaine en second, quarante-cinq sols au second Capitaine en second, quarante sols à chacun des deux premiers Lieutenans, trente-cinq sols à chacun des deux Lieutenans en second, trente sols à chacun des deux Lieutenans réformez, vingt-cinq sols à chacun des deux Sous-lieutenans, vingt sols à chacun des huit Sergens, seize sols à chacun des douze Caporaux, quatorze sols à chacun des douze Anspessades, & dix sols à chacun des cent soixante-quatre Chasseurs & quatre Tambours.

Entend Sa Majesté qu'au moyen du traitement ci-dessus le Capitaine de chacune de ces deux compagnies soit chargé de l'habillement, armement, équipement & entretien des deux cens hommes de sa compagnie.

Compagnie de Volontaires de Lancize. La compagnie de Volontaires de Lancize, levée par ordonnance du premier mars 1747, & composée de deux cens hommes, sera payée sur le pied par jour de sept livres au Capitaine-commandant, cinquante sols au premier Capitaine en second, quarante-cinq sols au second Capitaine en second, trente sols à chacun des deux premiers Lieutenans,

Lieutenans, vingt ſols à chacun des deux Lieutenans en ſecond & deux Lieutenans réformez, ſeize ſols huit deniers à chacun des deux Sous-lieutenans, onze ſols à chacun des huit Sergens, ſept ſols ſix deniers à chacun des douze Caporaux, ſix ſols ſix deniers à chacun des douze Anſpeſſades, & cinq ſols ſix deniers à chacun des cent ſoixante-quatre Fuſiliers & quatre Tambours.

Payes de gratification.

Il ſera de plus accordé au Capitaine commandant ſeize payes de gratification de cinq ſols ſix deniers chacune, ſa compagnie étant au nombre de deux cens hommes, quatorze de cent quatre-vingt-dix à cent quatre-vingt-dix-neuf, douze de cent quatre-vingt à cent quatre-vingt-neuf, dix de cent ſoixante-dix à cent ſoixante-dix-neuf, & huit ſeulement de cent ſoixante à cent ſoixante-neuf, n'en devant prétendre aucune ſa compagnie étant au deſſous dudit nombre de cent ſoixante.

Maſſe de la compagnie de Volontaires de Lancize.

Outre la ſolde ci-deſſus il ſera fait un fonds pour la Maſſe, ſur le pied complet, à raiſon de vingt deniers par jour pour chaque Sergent, & dix deniers pour chaque Caporal, Anſpeſſade, Fuſilier & Tambour, dont il ſera délivré deux billets à la fin de l'année, ainſi qu'il eſt expliqué à l'Infanterie françoiſe.

RÉGIMENT ÉTRANGER de GESCHRAY.

Le régiment étranger de troupes légères de Geſchray, levé par ordonnance du 31 juillet 1747 ſur le pied de douze cens hommes, non compris l'Etat-major, ſçavoir, huit cens hommes d'infanterie en huit compagnies de cent hommes, les Officiers compris, & quatre cens Dragons en huit compagnies de cinquante hommes, auſſi les Officiers compris, ſera payé, ſçavoir:

Compagnie d'infanterie.

Chaque compagnie d'infanterie compoſée d'un Capitaine, de deux Lieutenans, un Enſeigne, un Felwebel, quatre Sergens, un Capitaine d'armes, un Fourrier, quatre Caporaux, quatre-vingt-trois Fuſiliers & deux Tambours, ſur le pied par mois de dix-ſept livres dix ſols pour chacun des cent hommes, ſans diſtinction de grade, depuis le Capitaine juſques & compris les Tambours.

Payes de gratification.

Il ſera accordé de plus par mois, à commencer du premier

mars 1748, pourvû que la compagnie passe compléte à la revûe dudit mois, dix payes de gratification à dix-sept livres dix sols chacune, le Capitaine ayant sa compagnie à cent hommes; neuf desdites payes de quatre-vingt-quinze à quatre-vingt-dix-neuf, huit de quatre-vingt-dix à quatre-vingt-quatorze, sept de quatre-vingt-cinq à quatre-vingt-neuf, six de quatre-vingt à quatre-vingt-quatre, & rien au dessous dudit nombre de quatre-vingts hommes.

Compagnie de Dragons.

Chaque compagnie de Dragons composée d'un Capitaine, un Lieutenant, un Cornette, cinq Bas-officiers, quarante-un Dragons & un Tambour, sur le pied par mois de vingt-quatre livres pour chacun des cinquante hommes, sans distinction de grade depuis le Capitaine jusques & compris le Tambour.

Payes de gratification.

Il sera accordé de plus par mois, à commencer du premier mars 1748, pourvû que la compagnie passe compléte à la revûe dudit mois, six payes de gratification de vingt-quatre livres chacune, le Capitaine ayant sa compagnie de quarante-six à cinquante hommes, cinq desdites payes de quarante-un à quarante-cinq, quatre seulement à quarante hommes, & rien au dessous dudit nombre.

Etat-major.

L'Etat-major sera composé du Colonel, du Lieutenant-colonel, qui n'auront point de compagnie, de deux Majors, deux Aide-majors, un Adjudant ou Garçon-major, un Quartier-maître, un Auditeur, un Aumônier, un Chirurgien-major, un Prévôt, un Tambour-major, un Exécuteur & deux Archers; mais l'entretien de cet Etat-major sera à la charge du sieur de Geschray, au moyen du traitement que Sa Majesté lui accorde pour les douze cens hommes de ce régiment.

IV.

INFANTERIE SUISSE ET GRISONNE.

SUISSES & GRISONS.

LES compagnies des neuf régimens Suisses & Grisons, composées chacune de cent soixante-quinze hommes, les Officiers compris, que Sa Majesté a destinées pour servir dans ses armées, même les quatre compagnies aussi de cent ſoixante-quinze hommes chacune, miſes d'augmentation en chacun deſdits neuf régimens par l'ordonnance du 22 ſeptembre 1743, ſeront payées ſur le pied de dix-ſept livres huit ſols par mois pour chaque homme & pour chacune des vingt-ſept payes de gratification que Sa Majeſté accorde au Capitaine, ſa compagnie étant du nombre de cent ſoixante-ſix & au deſſus juſqu'à cent ſoixante-quinze, les Officiers compris; dix-ſept deſdites payes, lorſqu'elle ſera de cent cinquante-cinq hommes juſqu'à cent ſoixante-cinq, ſeize depuis cent quarante-cinq juſqu'à cent cinquante-quatre incluſivement; & s'il arrivoit que la compagnie ſe trouvât au deſſous dudit nombre de cent quarante-cinq hommes, elle ne ſera payée que pour les effectifs, ſans payes de gratification au Capitaine.

Les compagnies des régimens Suiſſes qui ſeroient remis à la ſolde de paix, ne ſeront plus payées que ſur le pied de ſeize livres par homme par mois & pour chaque paye de gratification; deſquelles payes les Capitaines jouiront ſur le pied des gradations portées par l'article ci-deſſus.

Au moyen de la ſolde ci-deſſus, chaque Capitaine doit avoir & entretenir dans ſa compagnie, un Capitaine-lieutenant à cent livres par mois, un Lieutenant à ſoixante-quinze livres, un Sous-lieutenant à cinquante livres, un Enſeigne à quarante-ſept livres, deux Sergens à vingt-cinq livres chacun, deux autres à vingt livres, un Fourrier auſſi à vingt livres, un Porte-enſeigne & un Capitaine d'armes à dix-huit livres chacun, un Prévôt à quinze livres, ſix Caporaux, ſix Anſpeſſades & cent cinquante Fuſiliers, compris les Tambours & Fifre: étant à obſerver que dans les compagnies dont les Capitaines ne ſervent point au corps, le Capitaine-lieutenant doit recevoir cent trente livres, & qu'il doit y avoir deux Lieutenans au lieu d'un, payez chacun à ſoixante-quinze livres par mois.

Etat-major.

L'Etat-major de chacun des régimens Suiſſes & Griſons, deſtinez à ſervir dans les armées, ſera payé à raiſon de dix-neuf cens ſoixante livres huit ſols par mois; & ceux des régimens qui ſeroient à la ſolde de paix, ſur le pied de mille livres ſeulement, le payement devant en être fait où la compagnie Colonelle du régiment ſe trouvera.

Sur la compoſition des demi-compagnies, le ſervice des Capitaines titulaires, & Capitaines-lieutenans commandans.

Comme il y a des compagnies qui ſont compoſées de deux demi-compagnies Suiſſes & Griſonnes, de quatre-vingt-ſept hommes chacune, pour faire le ſervice d'une compagnie entière, l'intention de Sa Majeſté eſt que le complet deſdites deux compagnies ſoit auſſi à cent ſoixante-ſix hommes & au deſſus juſqu'à cent ſoixante-quinze, pour les payes de gratification, ſans avoir égard ſi une des deux demi-compagnies eſt plus forte en nombre que l'autre; Sa Majeſté laiſſant aux Capitaines la liberté de s'accommoder entr'eux là-deſſus: & Elle trouve bon que leſdits Capitaines dont les compagnies ſeront ainſi couplées, y ſervent alternativement pendant un an, & que celui des deux qui pourra s'abſenter, ſoit payé comme préſent: Sa Majeſté veut bien auſſi que les Capitaines-lieutenans commandant les compagnies dont les Capitaines ſervent à d'autres emplois, s'abſentent alternativement; mais Elle ordonne que pendant l'année de leur abſence ils ne reçoivent que cinquante livres par mois au lieu de cent trente qu'ils ont pendant l'année de leur ſervice.

Compagnie Suiſſe d'Heuberger.

La compagnie Suiſſe d'Heuberger, de quatre-vingts hommes, doit avoir la moitié des Officiers ci-deſſus marquez pour une compagnie de cent ſoixante-quinze hommes, & être payée ſur le pied de ſeize livres par homme par mois, & pour chacune des treize payes & demie de gratification que le Capitaine doit avoir, ſa compagnie étant de ſoixante-douze juſqu'à quatre-vingts hommes, les Officiers compris, huit deſdites payes à ſoixante-cinq & au deſſus juſqu'à ſoixante-onze incluſivement; ne devant être payé que pour les effectifs, ſans payes de gratification, ſi la compagnie ſe trouve au deſſous dudit nombre de ſoixante-cinq.

Compagnies de Reynold, & de Travers.

Les compagnies Suiſſes de Reynold, & de Griſons de Travers, de cinquante hommes chacune, les Officiers compris, doivent avoir le quart des Officiers d'une compagnie de cent ſoixante-quinze hommes, & être

payées

payées ſur le pied de ſeize livres par mois par homme & paye de gratification : le Capitaine recevra ſept deſdites payes de gratification, quand ſa compagnie ſe trouvera de quarante-deux juſqu'à cinquante hommes, & cinq payes lorſqu'elle ſera de trente-huit juſqu'à quarante-un ; ſans que le Capitaine puiſſe prétendre aucune paye de gratification, la compagnie étant au deſſous dudit nombre de trente-huit, les Officiers compris.

Retenue pour l'abſence des Officiers Suiſſes & Griſons.

S'il arrive qu'un Officier des compagnies des régimens Suiſſes & Griſons, & des compagnies d'Heuberger, Reynold & Travers, s'abſente ſans congé, ou qu'il outrepaſſe celui qui lui aura été accordé, il ſera retenu ſur la ſolde de ladite compagnie, outre la paye perſonnelle de l'Officier, huit payes par mois pour l'abſence du Capitaine ou Capitaine-lieutenant, ſix payes pour celle du Lieutenant ou ſecond Lieutenant, quatre pour le Sous-lieutenant, & trois pour celle de l'Enſeigne, pendant le tems que l'abſence de l'Officier aura duré.

V.

INFANTERIE E'TRANGE'RE.

ALLEMANDS. *SIX* RÉGIMENS.

Compagnies.

LES vingt-quatre compagnies qui compoſent les quatre bataillons du régiment d'Alſace, celles des régimens de Saxe & la Marck portez chacun à quatre bataillons par ordonnance du premier juillet 1747, celles du régiment Royal-Suédois mis à quatre bataillons par ordonnance du 12 novembre 1746, celles du régiment de Lowendal, mis auſſi à quatre bataillons par ordonnance du 25 novembre 1747, & les dix-huit compagnies des trois bataillons du régiment d'Infanterie Allemande de Royal-Bavière, de cent dix hommes chacune, ſeront payées ſur le pied de quatorze livres dix ſols par mois par homme, & pour chacune des quatorze payes de gratification que Sa Majeſté accorde au Capitaine, ſa compagnie étant de cent cinq à cent dix hommes, douze de cent à cent quatre, dix de quatre-vingt-quinze à quatre-vingt-dix-neuf, huit de quatre-vingt-dix à quatre-vingt-quatorze, ſix de quatre-vingt-cinq à quatre-vingt-neuf, & quatre ſeulement de quatre-vingt à quatre-vingt-quatre incluſivement ; le Capitaine ne devant être payé que pour les effectifs, lorſque ſa compagnie ſe trouvera au deſſous dudit nombre de quatre-vingt.

Payes de gratification des nouvelles compagnies.

Enten[illegible] Sa Majeſté que ces payes de gratification ne ſoient données aux Capitaines des nouvelles compagnies des régimens de Saxe & de la Marck, qu'à commencer du premier mars 1748, & aux Capitaines de celles du régiment de Lowendal, qu'à commencer du premier juin 1748, pourvû que leurs compagnies aient paſſé complétes de cent dix hommes chacune aux revûes deſdits mois.

Il ſera payé en outre quatre-vingt-dix livres par mois au Capitaine en pied pour ſes appointemens, pareilles quatre-vingt-dix livres au Capitaine réformé, qui aura à l'avenir le titre de Capitaine en ſecond, fera le ſervice, & ſera employé dans les revûes en cette qualité, ſans qu'il ait beſoin de nouvelle commiſſion, & qu'à l'occaſion de ce changement de titre il puiſſe prétendre d'autre traitement que celui de Capitaine réformé, dont Sa Majeſté veut qu'il continue de jouir ; ſoixante livres au premier Lieutenant, cinquante-une livres à chacun des ſecond Lieutenant & des deux Lieutenans en ſecond, & quarante-huit livres à l'Enſeigne de chaque compagnie : Entendant Sa Majeſté que dans ledit nombre de cent dix hommes, ſoient compris & payez par le Capitaine, un premier Sergent à treize ſols par jour, deux autres à douze ſols, un quatrième à onze ſols, un Fourrier & un Capitaine d'armes à neuf ſols chacun, deux Fourriers-ſchutz à huit ſols chacun, quatre Caporaux & trois Tambours à ſept ſols chacun, huit Anſpeſſades & huit Grenadiers à ſix ſols chacun, & ſoixante-dix-neuf Fuſiliers à cinq ſols ſix deniers chacun.

Les ſeconds Capitaines en ſecond qui ſe trouveront ſubſiſter encore dans le régiment Royal-Suédois, continueront à y être payez ſur le pied de quatre-vingt-dix livres chacun par mois, en conſéquence de ce qui eſt réglé par l'ordonnance du 12 novembre 1746.

Il sera payé pour l'Etat-major de chacun desdits régimens, mille livres par mois au Colonel, cent soixante livres au Lieutenant-colonel, outre ce qu'ils reçoivent comme Capitaine; trois cens livres au Major, cent livres à l'Interprète, quatre-vingt-dix livres à l'Aide-major, qui ne pourra y avoir d'autre charge, quarante-cinq livres à l'Aumônier, cinquante livres à chacun des Chirurgien & Auditeur, quarante livres au Prévôt, vingt livres à chacun des Greffier & Tambour-major, dix-huit livres à chacun des deux Archers & à l'Exécuteur de justice; soixante livres à chaque Commandant des second, troisième & quatrième bataillons des régimens d'Alsace, Saxe, la Marck, de Royal-Suédois & Lowendal, & des second & troisième bataillons du régiment Royal-Bavière, outre ce qu'il reçoit comme Capitaine, & quatre-vingt-dix livres à chaque Aide-major desdits second, troisième & quatrième bataillons.

Etat-major & Prévôté des six régimens Allemands.

Commandans & Aide-majors de bataillons.

Les Colonels & Lieutenans-colonels réformez, entretenus à la suite desdits régimens, seront payez sur le pied de cent trente-six livres dix-sept sols six deniers par mois, à l'exception de ceux auxquels il a été expédié des ordres par lesquels il leur est réglé un traitement particulier, dont ils continueront de jouir.

Officiers réformez, Colonels & Lieutenans-colonels.

A l'égard des Capitaines & Lieutenans réformez, entretenus à la suite desdits régimens, ceux qui composent les brigades qui en sont détachées, & ceux qui ont des ordres pour servir dans les places, ou qui en obtiendront par la suite, ils seront payez en conformité de l'Ordonnance du premier mai 1737, & de l'état y joint, sçavoir, les Capitaines de la première classe à quatre-vingt-dix livres par mois, ceux de la seconde à soixante livres, ceux de la troisième à cinquante livres, & ceux de la quatrième à trente-sept livres dix sols: & les Lieutenans de la première classe à quarante-huit livres, ceux de la seconde à trente livres, & ceux de la troisième à vingt livres.

Capitaines & Lieutenans.

Les sieurs de Valbrun commandant la brigade d'Alsace, Commerfort commandant la brigade de la Marck, &

Commandans des brigades d'Alsace, la

Marck & Royal-Suédois. Hieronimi commandant celle de Royal-Suédois, continueront d'être payez ſur le pied de quatre-vingt-dix livres chacun par mois; & ceux qui les remplaceront dans le commandement deſdites brigades, recevront le même traitement.

Commandant de la brigade françoiſe. Le ſieur Delort commandant la brigade à la paye françoiſe, recevra, ſuivant l'article VII de ladite ordonnance du premier mai 1737, vingt-cinq livres par mois en ladite qualité, outre les trente-ſept livres dix ſols à lui attribuées auſſi par mois en celle de Capitaine.

ALLEMANDS.

SIX RÉGIMENS. Le régiment d'Infanterie étrangère levé par le Baron de Bergh dans le pays de Bergues & de Juliers, en vertu de l'ordonnance du 12 août 1744, le régiment Allemand de Naſſau-Saarbruck levé par ordonnance du premier novembre 1745, & porté à trois bataillons par celle du premier juillet 1747, celui de Ferſen levé par ordonnance du premier novembre 1745, & porté à deux bataillons par celle du premier juillet 1747, les régimens de Madame la Dauphine & de Saint-Germain, de deux bataillons chacun, créez par ordonnance dudit jour premier juillet 1747, & celui de Royal-Pologne, d'un bataillon, créé par ordonnance du 25 novembre 1747, chaque bataillon de ſix compagnies de cent dix hommes chacune, ſans les Officiers, ſeront payez, ſçavoir:

Compagnies. Chaque compagnie ſur le pied de quatorze livres dix ſols par mois par homme, & pour chacune des quatorze payes de gratification que Sa Majeſté accorde au Capitaine, ſa compagnie étant de cent cinq à cent dix hommes, douze de cent à cent quatre, dix de quatre-vingt-quinze à quatre-vingt-dix-neuf, huit de quatre-vingt-dix à quatre-vingt-quatorze, ſix de quatre-vingt-cinq à quatre-vingt-neuf, & quatre ſeulement de quatre-vingt à quatre-vingt-quatre incluſivement; le Capitaine ne devant être payé que pour les effectifs, lorſque ſa compagnie ſe trouvera au deſſous dudit nombre de quatre-vingt.

Payes de gratification des nouvelles compagnies. Entend Sa Majeſté que ces payes de gratification ne ſoient données qu'à commencer du premier mars 1748, aux

aux Capitaines des nouvelles compagnies mises sur pied en conséquence des ordonnances du premier juillet 1747, & à commencer du premier juin 1748, aux Capitaines de celles créées par ordonnance du 25 novembre 1747, pourvû que leurs compagnies aient passé complétes de cent dix hommes chacune aux revûes desdits mois de mars & de juin 1748.

Il sera payé en outre quatre-vingt-dix livres par mois au Capitaine en pied pour ses appointemens, pareilles quatre-vingt-dix livres au Capitaine réformé, qui aura à l'avenir le titre de Capitaine en second, fera le service, & sera employé dans les revûes en cette qualité, sans qu'il ait besoin de nouvelle commission, & qu'à l'occasion de ce changement de titre il puisse prétendre d'autre traitement que celui de Capitaine réformé, dont Sa Majesté veut qu'il continue de jouir; soixante livres au premier Lieutenant, cinquante-une livres au Lieutenant en second, & quarante-huit livres à l'Enseigne: Entendant Sa Majesté que dans ledit nombre de cent dix hommes, soient compris & payez par le Capitaine, un premier Sergent à treize sols par jour, deux autres à douze sols chacun, un quatrième à onze sols, un Fourrier & un Capitaine d'armes à neuf sols chacun, deux Fourriers-schutz à huit sols chacun, quatre Caporaux & trois Tambours à sept sols chacun, huit Anspessades & huit Grenadiers à six sols chacun, & soixante-dix-neuf Fusiliers à cinq sols six deniers chacun.

Etat-major & Prévôté.

L'Etat-major de chacun de ces six régimens sera payé sur le pied, sçavoir, de cinq cens soixante livres par mois au Colonel, tant pour lui, outre son traitement de Capitaine, que pour l'entretien de l'Aumônier, du Chirurgien, de l'Auditeur, du Prévôt, du Greffier, du Tambour-major, des deux Archers & de l'Exécuteur de justice; de cent cinquante livres par mois au Lieutenant-colonel, outre son traitement de Capitaine, deux cens livres au Major, & quatre-vingt-dix livres à l'Aide-major, qui ne pourra avoir d'autre charge dans le régiment.

Commandant & Aide-major de bataillon.

Le Commandant de chacun des second & troisième bataillons des régimens ci-dessus, recevra soixante livres par mois outre ſon traitement de Capitaine, & l'Aide-major quatre-vingt-dix livres.

Royal-Italien.

Le régiment Royal-Italien qui étoit ci-devant de douze compagnies, & qui a été augmenté par ordonnances des premier avril, 14 juin & premier juillet 1747 juſqu'à vingt-ſix compagnies, pour en former deux bataillons compoſez chacun d'une compagnie de Grenadiers de cinquante hommes, & de douze compagnies de Fuſiliers auſſi de cinquante hommes, ſera payé ſur le pied par jour, ſçavoir :

Compagnies de Grenadiers.

Chaque compagnie de Grenadiers, à raiſon de ſix livres au Capitaine, trois livres quatre ſols au Lieutenant, deux livres au Sous-lieutenant, quinze ſols à chacun des trois Sergens, dix ſols dix deniers à chacun des trois Caporaux, neuf ſols cinq deniers à chacun des cinq Anſpeſſades & un Tambour, & huit ſols à chacun des trente-huit Grenadiers : le Capitaine aura en outre ſept payes de gratification, de huit ſols chacune, dont il en recevra trois ſa compagnie étant compoſée de quarante-deux à quarante-quatre hommes, cinq lorſqu'elle ſera de quarante-cinq à quarante-ſept, & ſept de quarante-huit à cinquante ; ne devant avoir aucune deſdites payes de gratification lorſqu'elle ſe trouvera au deſſous du nombre de quarante-deux hommes.

Compagnies de Fuſiliers.

Chaque compagnie de Fuſiliers, à raiſon de cinq livres au Capitaine, deux livres au Lieutenant, trente ſols à l'Enſeigne, quatorze ſols à chacun des trois Sergens, neuf ſols dix deniers à chacun des trois Caporaux, huit ſols cinq deniers à chacun des cinq Anſpeſſades & un Tambour, ſept ſols ſix deniers à chacun des dix Appointés, & ſept ſols à chacun des vingt-huit Fuſiliers : le Capitaine aura en outre ſept payes de gratification, de ſept ſols chacune, dont il en recevra trois ſa compagnie étant compoſée de quarante-deux à quarante-quatre hommes, cinq lorſqu'elle ſera de quarante-cinq à quarante-ſept, & ſept de quarante-huit à cinquante ; ne devant avoir aucune paye de gratification lorſqu'elle ſe trouvera au deſſous du nombre de quarante-deux hommes.

L'Etat-major dudit régiment sera payé sur le pied de seize livres treize sols quatre deniers par jour au Colonel, quatre livres au Lieutenant-colonel, outre leurs appointemens de Capitaine, dix livres au Major, cinq livres à l'Interprète, trois livres à l'Aide-major, trente sols au Maréchal-des-logis, quarante sols à l'Aumônier, quinze sols au Chirurgien, quarante sols au Prévôt, vingt sols à son Lieutenant, douze sols six deniers au Greffier, huit sols quatre deniers à chacun des cinq Archers & à l'Exécuteur de justice, & dix sols au Tambour-major. *Etat-major & Prévôté du régiment Royal-Italien.*

Le Commandant du second bataillon dudit régiment recevra deux livres par jour outre ses appointemens de Capitaine, & l'Aide-major dudit bataillon trois livres aussi par jour. *Commandant & Aide-major du second bataillon.*

Il sera payé cent livres par mois à chaque Colonel réformé entretenu à la suite dudit régiment, quatre-vingt-trois livres six sols huit deniers à chaque Lieutenant-colonel, soixante livres à chaque Capitaine, & trente livres à chaque Lieutenant. *Officiers réformez du régiment Royal-Italien.*

Chaque Capitaine réformé servant dans ladite brigade, recevra soixante livres d'appointemens par mois, & chaque Lieutenant trente livres. *Officiers de la brigade détachée dudit régiment.*

Le régiment Royal-Corse, dont la levée a été faite & le payement réglé en conséquence des ordonnances particulières de Sa Majesté des 10 & 31 août 1739, & qui a été porté à treize compagnies de cinquante hommes, avec un troisième Sergent d'augmentation en chacune, par ordonnance du premier juillet 1747, sera payé sur le pied par jour, sçavoir, la compagnie de Grenadiers, à raison de six livres au Capitaine, trois livres quatre sols au Lieutenant, deux livres au Sous-lieutenant, quinze sols à chacun des trois Sergens, dix sols dix deniers à chacun des trois Caporaux, neuf sols cinq deniers à chacun des cinq Anspessades & un Tambour, & huit sols à chacun des trente-huit Grenadiers : le Capitaine aura en outre cinq payes de gratification de huit sols chacune, dont il en recevra trois sa compagnie étant composée de quarante hommes, quatre lorsqu'elle sera de quarante-un à quarante- *RÉGIMENT ROYAL-CORSE.* *Compagnie de Grenadiers.*

cinq, & cinq de quarante-ſix à cinquante ; ne devant avoir aucune deſdites payes de gratification lorſqu'elle ſe trouvera au deſſous du nombre de quarante hommes.

Compagnies de Fuſiliers.

Chacune des douze compagnies de Fuſiliers à raiſon de cinq livres au Capitaine, deux livres au Lieutenant, trente ſols à l'Enſeigne, quatorze ſols à chacun des trois Sergens, neuf ſols dix deniers à chacun des trois Caporaux, huit ſols cinq deniers à chacun des cinq Anſpeſſades & un Tambour, ſept ſols ſix deniers à chacun des dix Appointés, & ſept ſols à chacun des vingt-huit Fuſiliers. Le Capitaine recevra en outre cinq payes de gratification de ſept ſols chacune, dont il en aura trois ſa compagnie étant compoſée de quarante hommes, quatre lorſqu'elle ſera de quarante-un à quarante-cinq, & cinq de quarante-ſix à cinquante; ne devant avoir aucune deſdites payes de gratification lorſqu'elle ſe trouvera au deſſous du nombre de quarante hommes.

Etat-major du régiment Royal-Corſe, ſans prévôté.

L'Etat-major dudit régiment ſera payé ſur le pied de ſeize livres treize ſols quatre deniers par jour au Colonel, trois livres au Lieutenant-colonel, outre leurs appointemens de Capitaine, huit livres au Major, trois livres à l'Aide-major, trente ſols au Maréchal-des-logis, quarante ſols à l'Aumônier, quinze ſols au Chirurgien, & dix ſols au Tambour-major.

Officiers réformez du régiment Royal-Corſe.

Les Officiers réformez que Sa Majeſté jugera à propos d'entretenir à la ſuite dudit régiment, ſeront payez de leurs appointemens ſur le pied par mois, ſçavoir, de cent livres à chaque Colonel, quatre-vingt-trois livres ſix ſols huit deniers à chaque Lieutenant-colonel, ſoixante livres à chaque Capitaine, & trente livres à chaque Lieutenant.

RÉGIMENT ROYAL-ECOSSOIS.

Le régiment d'infanterie de Royal-Ecoſſois, d'un bataillon de treize compagnies, une de Grenadiers de quarante-cinq hommes, & douze de Fuſiliers de cinquante hommes, ſuivant ſa nouvelle compoſition réglée par l'ordonnance du 20 août 1747, ſera payé ſur le pied par jour, ſçavoir :

Compagnie de Grenadiers.

La compagnie de Grenadiers ſur le pied par jour de ſix livres au Capitaine, trois livres ſix ſols huit deniers au Capitaine

Capitaine en ſecond, trois livres dix ſols au Lieutenant, trente ſols au Lieutenant en ſecond, ſeize ſols à chacun des deux Sergens, onze ſols ſix deniers à chacun des trois Caporaux, dix ſols ſix deniers à chacun des trois Anſpeſſades, & neuf ſols ſix deniers à chacun des trente-ſix Grenadiers & un Tambour. A l'égard des payes de gratification, le Capitaine en recevra le décompte ainſi qu'il eſt ci-après réglé.

Compagnies de Fuſiliers.

Chacune des douze compagnies de Fuſiliers ſera payée ſur le pied par jour de cinq livres au Capitaine, trois livres ſix ſols huit deniers au Capitaine en ſecond, quarante-cinq ſols au Lieutenant, trente ſols au Lieutenant en ſecond, quinze ſols à chacun des deux Sergens, dix ſols ſix deniers à chacun des trois Caporaux, neuf ſols ſix deniers à chacun des trois Anſpeſſades, & huit ſols ſix deniers à chacun des quarante-un Fuſiliers & un Tambour. A l'égard des payes de gratification, le Capitaine en recevra le décompte ainſi qu'il eſt ci-après réglé.

Etat-major.

Les Officiers de l'Etat-major ſeront payez ſur le pied par jour de treize livres ſix ſols huit deniers au Colonel, quarante-cinq ſols au Lieutenant-colonel, outre leurs appointemens de Capitaine, ſix livres treize ſols quatre deniers au Major, cinq livres à l'Interprète, trois livres à l'Aide-major, quarante ſols à l'Aumônier, & trente ſols à chacun des Chirurgien & Maréchal-des-logis.

Le Colonel dudit régiment jouira de quatre mille ſept cens livres de penſion attachée à ſa charge, au moyen de quoi il ne pourra rien retenir ſur la Maſſe des Sergens, Caporaux, Anſpeſſades, Grenadiers, Soldats & Tambours, qui doivent recevoir leur paye entière, à la déduction ſeulement de ce qui ſera mis à la Maſſe pour leur habillement.

IRLANDOIS.

BULKELEY, CLARE & DILLON.

Les régimens Irlandois de Bulkeley, Clare & Dillon, compoſez chacun d'un bataillon réduit à treize compagnies en conſéquence de l'ordonnance du premier octobre 1744, dont une de Grenadiers de quarante-cinq hommes, & douze de Fuſiliers de cinquante hommes chacune, ſans les Officiers, ſeront payez, ſçavoir:

Compagnie de Grenadiers. La compagnie de Grenadiers, ſur le pied de ſix livres par jour au Capitaine, trois livres ſix ſols huit deniers au Capitaine en ſecond, trois livres dix ſols au Lieutenant, trente ſols au Lieutenant en ſecond, ſeize ſols à chacun des deux Sergens, onze ſols ſix deniers à chacun des trois Caporaux, dix ſols ſix deniers à chacun des trois Anſpeſſades, & neuf ſols ſix deniers à chacun des trente-ſix Grenadiers & un Tambour. A l'égard des payes de gratification, le Capitaine en recevra le décompte ainſi qu'il eſt ci-après réglé.

Compagnies de Fuſiliers. Chacune des douze compagnies de Fuſiliers, ſur le pied par jour de cinq livres au Capitaine, trois livres ſix ſols huit deniers au Capitaine en ſecond, quarante-cinq ſols au Lieutenant, trente ſols au Lieutenant en ſecond, quinze ſols à chacun des deux Sergens, dix ſols ſix deniers à chacun des trois Caporaux, neuf ſols ſix deniers à chacun des trois Anſpeſſades, & huit ſols ſix deniers à chacun des quarante-un Fuſiliers & un Tambour. A l'égard des payes de gratification, le Capitaine en recevra le décompte ainſi qu'il eſt ci-après réglé.

Cadets. Les ſeize Cadets qui doivent être entretenus dans la compagnie Colonelle de chaque régiment, qui tiendront lieu de pareil nombre de Soldats, ſeront payez ſur le pied de treize ſols chacun par jour.

Enſeignes. Outre les Officiers ci-deſſus, l'Enſeigne qui eſt en chacune des compagnies Colonelle & Lieutenante-colonelle deſdits régimens, recevra trente-ſix ſols par jour.

E'tat-major. L'E'tat-major de chacun deſdits régimens ſera payé ſur le pied par jour de treize livres ſix ſols huit deniers au Colonel, quarante-cinq ſols au Lieutenant-colonel, outre leurs appointemens de Capitaine; ſix livres treize ſols quatre deniers au Major, cinq livres à l'Interprète, trois livres à l'Aide-major, quarante ſols à l'Aumônier, & trente ſols à chacun des Chirurgien & Maréchal-des-logis.

La penſion de quatre mille ſept cens livres attachée à la charge de Colonel de chacun deſdits trois régimens, au lieu de celle de deux mille livres qu'il avoit anciennement, lui ſera continuée; au moyen de quoi il ne doit plus retenir les quatre deniers par jour ſur la maſſe des Sergens, Caporaux, Anſpeſſades, Grenadiers, Soldats & Tambours, qui doivent recevoir leur paye entière, à la déduction ſeulement de ce qui ſera mis à la Maſſe pour leur habillement.

Officiers réformez.

Les Officiers réformez à la ſuite deſdits régimens de Bulkeley, Clare, Dillon & Royal-Ecoſſois, & ceux qui ſont détachez dans les places, ſeront payez ſur le pied par mois de cent cinquante livres à chaque Colonel ou Lieutenant-colonel, cent livres à chaque Capitaine, & quarante-cinq livres à chaque Lieutenant.

ROTH, BERWICK & LALLY.

Les régimens Irlandois de Roth & Berwick, compoſez chacun d'un bataillon réduit à treize compagnies en conſéquence de l'ordonnance du premier octobre 1744, dont une de Grenadiers de quarante-cinq hommes, & douze de Fuſiliers de cinquante hommes chacune ſans les Officiers, & le régiment Irlandois de Lally levé en conſéquence de ladite ordonnance, de la même compoſition que leſdits deux régimens, & entretenu avec pareil traitement, ſeront payez, ſçavoir :

Compagnie de Grenadiers.

La compagnie de Grenadiers ſur le pied par jour de quatre livres quinze ſols au Capitaine, quarante-cinq ſols dix deniers au Capitaine en ſecond, cinquante-un ſols au Lieutenant, vingt-un ſols huit deniers au Lieutenant en ſecond, ſeize ſols à chacun des deux Sergens, onze ſols ſix deniers à chacun des trois Caporaux, dix ſols ſix deniers à chacun des trois Anſpeſſades, & neuf ſols ſix deniers à chacun des trente-ſix Grenadiers & un Tambour. A l'égard des payes de gratification, le Capitaine en recevra le décompte ainſi qu'il eſt ci-après réglé.

Compagnies de Fuſiliers.

Chacune des douze compagnies de Fuſiliers, ſur le pied par jour de trois livres quinze ſols au Capitaine, quarante-cinq ſols dix deniers au Capitaine en ſecond, trente-deux ſols ſix deniers au Lieutenant, vingt-un ſols huit deniers au Lieutenant en ſecond, quinze ſols à chacun des deux Sergens, dix ſols ſix deniers à chacun des trois Caporaux, neuf sols six deniers à chacun des trois Anspessades, & huit sols six deniers à chacun des quarante-un Fusiliers & un Tambour. A l'égard des payes de gratification, le Capitaine en recevra le décompte ainsi qu'il est ci-après réglé.

Cadets. Les seize Cadets qui doivent être entretenus dans la compagnie Colonelle de chaque régiment, qui tiendront lieu de pareil nombre de Soldats, seront payez sur le pied de treize sols chacun par jour.

Enseignes. Outre les Officiers ci-dessus, l'Enseigne en chacune des compagnies Colonelle & Lieutenante-colonelle desdits régimens, recevra vingt-cinq sols six deniers par jour.

Etat-major & Prévôté. L'Etat-major de chacun desdits trois régimens sera payé sur le pied par jour de sept livres dix sols au Colonel, trente-deux sols six deniers au Lieutenant-colonel, outre leurs appointemens de Capitaine; quatre livres onze sols huit deniers au Major, quarante-six sols huit deniers à l'Aide-major, vingt-cinq sols à chacun des Aumônier & Maréchal-des-logis, vingt sols au Chirurgien, vingt-six sols huit deniers au Prévôt, treize sols quatre deniers à son Lieutenant, huit sols quatre deniers au Greffier, & cinq sols à chacun des cinq Archers & à l'Exécuteur de justice.

Officiers réformez. Les Officiers réformez à la suite desdits régimens, & ceux qui sont détachez dans les places, seront payez sur le pied par mois de cent douze livres dix sols à chaque Colonel ou Lieutenant-colonel, soixante-huit livres quinze sols à chaque Capitaine, & trente-deux livres dix sols à chaque Lieutenant.

Payes de gratification des compagnies du régiment Royal-Ecossois, & des six régimens Irlandois. Le décompte des payes de gratification des cinq mois d'hiver, à commencer du premier novembre 1747, sera fait au mois d'avril 1748 en conséquence de l'article III de l'ordonnance dudit jour premier novembre, aux Capitaines des compagnies du régiment Royal-Ecossois & des six régimens Irlandois, sur le pied des gradations ci-après, sçavoir :

Le Capitaine de chaque compagnie de Grenadiers recevra trois desdites payes de neuf sols six deniers chacune, sa ſa compagnie étant compléte de quarante-cinq hommes à la revûe dudit mois d'avril, deux à quarante-quatre, une ſeulement à quarante-trois, & rien au deſſous dudit nombre.

Et le Capitaine de chaque compagnie de Fuſiliers recevra quatre deſdites payes de huit ſols ſix deniers chacune, ſa compagnie étant compléte de cinquante hommes à la revûe dudit mois d'avril, trois payes lorſqu'elle ne ſe trouvera compoſée que de quarante-neuf, deux à quarante-huit, une ſeulement à quarante-ſept hommes, & rien au deſſous dudit nombre.

Pour donner le titre de Capitaines & Lieutenans en ſecond aux Capitaines & Lieutenans réformez des régimens Royal-Ecoſſois & Irlandois.

Sa Majeſté ayant réglé que les Capitaines réformez & Lieutenans réformez, tant des compagnies de Grenadiers que de Fuſiliers, du régiment Royal-Ecoſſois & des ſix régimens Irlandois, auroient à l'avenir le titre de Capitaines en ſecond & Lieutenans en ſecond, Elle ordonne qu'ils faſſent le ſervice dans leſdites compagnies & ſoient employez dans les revûes en cette qualité, ſans qu'il leur ſoit expédié de nouvelles commiſſions ou lettres, & qu'à l'occaſion de ce changement de titre ils puiſſent prétendre d'autre traitement que celui qu'ils avoient comme Capitaines ou Lieutenans réformez, dont Sa Majeſté veut qu'ils continuent de jouir.

Sergens & Haute-payes ſurnuméraires dans les ſix régimens Irlandois.

Sa Majeſté étant informée que depuis l'échange des priſonniers de guerre qu'Elle avoit en Angleterre, il ſe trouve en chacun des ſix régimens Irlandois deux Sergens, trois Caporaux & trois Anſpeſſades ſurnuméraires, Elle veut bien leur continuer la même ſolde qu'ils avoient en cette qualité juſqu'à leur remplacement aux premières places vacantes aux compagnies où ils ſont attachez, dans les revûes deſquelles ils ſeront dénommez; mais Elle entend que leur ſolde ne leur ſoit payée que juſqu'au dernier avril 1748, & qu'à commencer du premier mai ſuivant elle ſoit diſcontinuée, & qu'ils ceſſent de ce jour d'être employez dans les revûes comme ſurnuméraires, quand même ils ne ſeroient pas remplacez.

Régimens Ecossois

Les régimens d'infanterie Ecoſſoiſe d'Ogilvy & d'Albanie levez par ordonnances des 28 février & 20 octobre 1747,

S

D'OGILVY & D'ALBANIE.

composez chacun de treize compagnies, dont une de Grenadiers de quarante-cinq & douze de Fusiliers de cinquante hommes chacune, seront payez sur le pied par jour, sçavoir:

Compagnie de Grenadiers.

La compagnie de Grenadiers, à raison de six livres au Capitaine en pied, trois livres six sols huit deniers au Capitaine en second, trois livres dix sols au Lieutenant, trente sols au Lieutenant en second, seize sols à chacun des deux Sergens, onze sols six deniers à chacun des trois Caporaux, dix sols six deniers à chacun des trois Anspessades, & neuf sols six deniers à chacun des trente-six Grenadiers & au Tambour.

Le Capitaine recevra de plus trois payes de gratification de neuf sols six deniers chacune, sa compagnie étant à quarante-cinq & quarante-quatre hommes, deux desdites payes à quarante-un, quarante-deux & quarante-trois hommes, une seulement lorsqu'elle ne sera qu'à quarante, & rien au dessous dudit nombre de quarante.

Compagnies de Fusiliers.

Chacune des douze compagnies de Fusiliers, à raison de cinq livres au Capitaine en pied, trois livres six sols huit deniers au Capitaine en second, quarante-cinq sols au Lieutenant, trente sols au Lieutenant en second, quinze sols à chacun des deux Sergens, dix sols six deniers à chacun des trois Caporaux, neuf sols six deniers à chacun des trois Anspessades, & huit sols six deniers à chacun des quarante-un Fusiliers & au Tambour.

Le Capitaine recevra de plus quatre payes de gratification de huit sols six deniers chacune, sa compagnie étant à quarante-huit, quarante-neuf & cinquante hommes, trois à quarante-six & quarante-sept, deux à quarante-quatre & quarante-cinq, une seulement à quarante-deux & quarante-trois, & rien au dessous dudit nombre de quarante-deux hommes.

E'tablissement des payes de gratification du régiment d'Albanie.

Entend Sa Majesté que les treize Capitaines du régiment d'Albanie ne reçoivent les payes de gratification ci-dessus, qu'à commencer du premier juin 1748, pourvû que leurs compagnies passent complétes de quarante-cinq hommes pour les Grenadiers, & de cinquante hommes pour les Fusiliers à la revûe dudit mois de juin.

Les Officiers de l'Etat-major seront payez sur le pied par jour de treize livres six sols huit deniers au Colonel, quarante-cinq sols au Lieutenant-colonel, outre leurs appointemens de Capitaine; six livres treize sols quatre deniers au Major, cinq livres à l'Interprète, trois livres à l'Aide-major, quarante sols à l'Aumônier, & trente sols à chacun des Chirurgien & Maréchal-des-logis. *Etat-major.*

Le Colonel de chacun de ces deux régimens jouira de quatre mille sept cens livres de pension attachée à sa charge; au moyen de quoi il ne pourra rien retenir sur la masse des Sergens, Caporaux, Anspessades, Grenadiers, Soldats & Tambours, qui doivent recevoir leur paye entière, à la déduction seulement de ce qui sera mis à la Masse pour leur habillement. *Pension attachée à la charge de Colonel.*

VI.

COMPOSITION des BATAILLONS.

POUR entretenir les bataillons dans une égale force, Sa Majesté, en confirmant ce qui est porté par les anciennes ordonnances, veut que les compagnies d'un régiment composé de plusieurs bataillons, y servent suivant le rang de leur Capitaine; que celles de Grenadiers soient mises suivant leur ancienneté, à la tête de chaque bataillon; que la compagnie Colonelle & celle du Lieutenant-colonel demeurent au premier bataillon; que celle du premier Capitaine soit dans le second, que celle du second Capitaine soit dans le troisième, & que celle du troisième Capitaine soit dans le quatrième bataillon, que celle du quatrième Capitaine soit dans le cinquième bataillon des régimens où il y en a cinq, & que les autres compagnies soient ainsi distribuées suivant leur rang: & lorsqu'il en vaquera une dans un régiment, que l'Officier qui en sera pourvû, prenne avec sa compagnie la queue du dernier bataillon, pour faire monter les autres compagnies, de sorte qu'elles se trouvent suivant leur rang dans les bataillons où elles doivent servir. Et comme Sa Majesté auroit été ci-devant avertie que les Colonels des régimens d'Infanterie prenoient deux Soldats dans les compagnies qui venoient à vaquer, pour ſervir dans les leurs, & qu'ils en faiſoient auſſi prendre un pour les Grenadiers, Sa Majeſté continue la défenſe qu'Elle leur a faite de prendre ni laiſſer prendre aucun Soldat dans les compagnies vacantes, ſon intention étant qu'elles ſoient remiſes à ceux qui en ſeront pourvûs, dans l'état où elles ſe ſeront trouvées lorſqu'elles auront vaqué.

OUTILS. Veut auſſi Sa Majeſté qu'il y ait toûjours en chaque compagnie de ſon Infanterie françoiſe ou étrangère, dix outils propres à remuer la terre, que les Soldats de chaque chambrée porteront tour à tour avec leurs armes.

INGÉNIEURS. Les Ingénieurs auxquels Sa Majeſté a accordé des réformes, ſeront payez dans les places de leur réſidence, en vertu des reliefs qui leur ſeront expédiez de ſix mois en ſix mois, ſur le pied par an de neuf cens livres à chaque Colonel, de ſept cens livres à chaque Lieutenant-colonel, de quatre cens cinquante livres à chaque Capitaine, & de deux cens quarante livres à chaque Lieutenant.

Solde pendant la marche à l'Infanterie françoiſe & étrangère. Sa Majeſté trouve bon que le ſol d'augmentation par jour, accordé à chaque Sergent, & les ſix deniers à chaque Caporal, Anſpeſſade, Grenadier, Soldat & Tambour, pour s'entretenir de linge & de chauſſure, leur ſoit continué pendant les marches, dans les lieux où l'étape ſera fournie, même aux trois cens quarante Soldats ſurnuméraires que Sa Majeſté a bien voulu entretenir dans ſon régiment d'Infanterie, ſur le pied de cinq en chacune des ſoixante-huit compagnies dont il eſt compoſé; & il ſera accordé un ſupplément de ſolde aux troupes d'Infanterie étrangère, comme par le paſſé.

VII.

GENDARMERIE.

GARDES-DU-CORPS DU ROY. LES Officiers des Gardes-du-corps du Roy, ſervant à la Cornette, ſeront payez ſur le pied par jour de ſix livres à chacun des trois Lieutenans, cinq livres à chacun des trois Enſeignes, trois livres à chacun des douze Exempts, l'Aide-major compris, ainſi que le Sous-aide-major établi par

par ordonnance du 9 juin 1745; quarante sols à chacun des neuf Brigadiers, trente-cinq sols à chacun des neuf Sous-brigadiers, trente-trois sols à chacun des deux cens quatre-vingt-deux Gardes, des six Trompettes & un Timbalier, quarante sols à l'Aumônier, & vingt sols au Chirurgien: le tout en chacune des quatre compagnies desdits Gardes-du-corps.

GRENADIERS A CHEVAL.

La compagnie des Grenadiers à cheval de Sa Majesté, sera payée sur le pied par jour de dix livres au Capitaine-lieutenant, de six livres à chacun des trois Lieutenans, quatre livres à chacun des trois Sous-lieutenans, trois livres à chacun des trois Maréchaux-des-logis, quarante sols à chacun des six Sergens, trente-un sols à chacun des trois Brigadiers, vingt-six sols à chacun des six Sous-brigadiers, vingt-quatre sols à chacun des six Appointés & un Porte-étendard, vingt-un sols à chacun des cent vingt-quatre Grenadiers & quatre Tambours, & quarante sols à l'Aumônier établi dans ladite compagnie par ordonnance particulière du 9 février 1734.

GENDARMES & CHEVAUX-LÉGERS DE LA GARDE DU ROY.

Les grands Officiers des compagnies de Gendarmes & de Chevaux-légers de la garde du Roy, & les cinquante Gendarmes & cinquante Chevaux-légers, deux Trompettes & un Timbalier de chaque compagnie servant par quartier près Sa Majesté, continueront à être payez suivant les états & ordres qui seront expédiez à cet effet.

Il sera payé trente sols par jour à chacun des Brigadiers, Sous-brigadiers, cent cinquante Gendarmes, & cent cinquante Chevaux-légers, & deux Trompettes de chacune desdites deux compagnies servant à la Cornette; & vingt sols à chacun des sept petits Officiers, aussi de chaque compagnie, sçavoir, un Aumônier, deux Fourriers, deux Chirurgiens, un Sellier & un Maréchal ferrant.

MOUSQUETAIRES DE LA GARDE DU ROY.

Chacune des deux compagnies de Mousquetaires de la garde du Roi, sera payée à raison de trente livres par jour au Capitaine-lieutenant, qui est vingt livres pour les appointemens de Capitaine, & dix livres pour ceux de Lieutenant; six livres treize sols quatre deniers à chacun des deux Sous-lieutenans, cinq livres à chacun des deux Enseignes & deux Cornettes, cinquante sols à chacun des dix Maréchaux-des-logis, quarante-deux sols à chacun des quatre Brigadiers, quarante sols à chacun des dix-huit Sous-brigadiers & cent soixante-dix-huit Mousquetaires, compris les deux mis d'augmentation en chaque compagnie par ordonnance du premier mai 1747, cinquante sols à chacun des quatre Hautbois, & trente sols à chacun des six Tambours & des six petits Officiers, sçavoir, un Aumônier, un Chirurgien, un Apothicaire, un Fourrier, un Sellier & un Maréchal ferrant.

GENDARMERIE. Grands Officiers des compagnies de Gendarmes.

Les grands Officiers des dix compagnies de Gendarmes de la Gendarmerie, continueront d'être payez suivant les états que Sa Majesté fera expédier; & les Maréchaux-des-logis, Brigadiers, Sous-brigadiers, Porte-étendards, Gendarmes, Trompettes & Timbaliers, sur le même pied de ceux des compagnies de Chevaux-légers, ainsi qu'il est ci-après expliqué.

Compagnies de Chevaux-légers.

Chacune des six compagnies de Chevaux-légers de ladite Gendarmerie, composée d'un Capitaine-lieutenant, un Sous-lieutenant, deux Cornettes, quatre Maréchaux-des-logis, deux Brigadiers, deux Sous-brigadiers, un Porte-étendard, soixante-dix Chevaux-légers, & deux Trompettes, sera payée à raison de neuf livres par jour au Capitaine-lieutenant, qui est six livres en qualité de Capitaine, & trois livres en celle de Lieutenant; trois livres au Sous-lieutenant, quarante-cinq sols à chaque Cornette, quarante-six sols à chaque Maréchal-des-logis, vingt-six sols six deniers à chaque Brigadier & Sous-brigadier, dix-huit sols quatre deniers au Porte-étendard, quinze sols à chaque Chevau-léger, & vingt-deux sols à chaque Trompette.

Aumôniers & Timbaliers.

Il sera payé vingt-deux sols aussi par jour à chacun des huit Timbaliers entretenus dans les huit premières compagnies, & trente sols à chacun des deux Aumôniers de ladite Gendarmerie.

Etat-major de la Gendarmerie.

Les Officiers de l'Etat-major de ladite Gendarmerie, étant payez de leurs appointemens à l'Ordinaire des guerres, il n'en sera point fait ici mention.

VIII.

CAVALERIE, CARABINIERS, HUSSARDS ET DRAGONS.

CAVALERIE.

Compagnies.

L'INTENTION de Sa Majeſté eſt, qu'outre le fourrage qui ſera fourni à chaque Cavalier, Carabinier, Huſſard & Dragon, il ſoit payé à chacune des compagnies qui compoſent les régimens de Cavalerie françoiſe, ſçavoir, au Capitaine cinq livres par jour, au Lieutenant cinquante ſols, au Maréchal-des-logis vingt-ſix ſols huit deniers, à chacun des deux Brigadiers huit ſols, & à chacun des trente-trois Cavaliers, y compris le Trompette & le Timbalier où il doit y en avoir, ſept ſols.

Sous-lieutenans & Cornettes dans la compagnie du Colonel-général, & dans celles des Meſtre-de-Camp-général & Commiſſaire général de la Cavalerie.

Le Sous-lieutenant qui eſt dans la compagnie Colonelle du Colonel général de la Cavalerie, le Cornette-blanc qui eſt dans ladite compagnie, & le Cornette qui eſt en chacune des compagnies Meſtre-de-camp des régimens du Meſtre-de-camp général & du Commiſſaire général de la Cavalerie, recevront, ſçavoir, le Sous-lieutenant cinquante ſols par jour, le Cornette-blanc, & chacun des deux autres, trente-ſept ſols ſix deniers auſſi par jour.

Etat-major de Cavalerie françoiſe.

Il ſera payé quarante-quatre ſols cinq deniers par jour au Meſtre-de-camp de chaque régiment de Cavalerie françoiſe, trente-trois ſols quatre deniers au Lieutenant-colonel, outre leurs appointemens de Capitaine; ſix livres au Major, trois livres à chaque Aide-major, trente ſols à l'Aumônier, & treize ſols ſix deniers au Chirurgien.

Cornettes dans les régimens de Cavalerie françoiſe.

Les dix Cornettes entretenus dans les régimens de Cavalerie françoiſe qui n'ont été augmentez que d'un eſcadron, & les douze Cornettes entretenus dans ceux qui ont été augmentez de deux eſcadrons, ſeront payez ſur le pied de trente-ſept ſols ſix deniers chacun par jour.

CARABINIERS.

Compagnies.

Chacune des quarante compagnies de trente-cinq Maîtres, qui compoſent les cinq brigades du régiment Royal-des-Carabiniers, ſera payée ſur le pied par jour de ſix livres au Capitaine, de trois livres au Lieutenant, trente ſols au Maréchal-des-logis, neuf ſols à chacun des deux Brigadiers,

& huit ſols à chacun des trente-trois Carabiniers, compris le Trompette & le Timbalier qui eſt en chacune des cinq compagnies Meſtres-de-camp.

E'tat-major. L'E'tat-major dudit régiment ſera payé ſur le pied par jour de cinquante-un ſols dix deniers à Monſ.r le Prince de Dombes, en qualité de Meſtre-de-camp-lieutenant; pareils cinquante-un ſols dix deniers à chacun des cinq Meſtres-de-camp qui ſervent ſous lui à la tête des cinq brigades; trente-huit ſols dix deniers à chaque Lieutenant-colonel, outre leurs appointemens de Capitaine; ſept livres à chaque Major, trois livres dix ſols à chaque Aide-major, trente ſols à l'Aumônier, & ſeize ſols deux deniers au Chirurgien de chaque brigade.

Cornettes dans les cinq brigades de Carabiniers. Les vingt Cornettes qui ſervent dans ledit régiment ſur le pied de quatre par brigade, ſeront payez à raiſon de quarante-cinq ſols chacun par jour.

RÉGIMENT IRLANDOIS de FILTZJAMES. Le régiment de Cavalerie Irlandoiſe de Filtzjames, qui étoit composé de ſeize compagnies, & qui a été réduit par ordonnance du 23 avril 1745 à douze compagnies de quarante-ſix Maîtres chacune, ſera payé ſur le pied par jour de cinq livres au Capitaine de chaque compagnie, cinquante ſols au Lieutenant, vingt-ſix ſols huit deniers au Maréchal des logis, dix ſols à chacun des deux Brigadiers, & neuf ſols à chacun des quarante-quatre Cavaliers, compris le Trompette & le Timbalier où il doit y en avoir.

Cornettes. Il ſera payé à chacun des dix Cornettes ſervant dans ledit régiment trente-ſept ſols ſix deniers chacun par jour.

E'tat-major. L'E'tat-major dudit régiment ſera payé ſur le pied par jour de quarante-quatre ſols cinq deniers au Meſtre-de-camp, trente-trois ſols quatre deniers au Lieutenant-colonel, outre leurs appointemens de Capitaine, ſix livres au Major, trois livres à l'Aide-major, trente ſols à l'Aumônier & treize ſols ſix deniers au Chirurgien.

ROYAL-ALLEMAND. Le régiment Royal-Allemand qui a été augmenté par ordonnance du 16 octobre 1744, de deux compagnies de cinquante Maîtres chacune, & dont les ſeize anciennes compagnies ont été auſſi portées par la même ordonnance

à cinquante

à cinquante Maîtres, par une augmentation de quinze Maîtres en chacune, sera payé, sçavoir, chaque compagnie sur le pied par jour de six livres au Capitaine, de trois livres au Lieutenant, trente sols au Maréchal des logis, neuf sols à chacun des trois Brigadiers, & sept sols à chacun des quarante-sept Cavaliers, y compris les Cadets, Trompettes & Timbalier dans la compagnie Mestre-de-camp. *Compagnies.*

Il sera en outre payé un sol par jour à chaque Cadet qui passera en revûe dans le nombre desdits Cavaliers, sur le certificat du Commandant du régiment. *Cadets.*

L'Etat-major dudit régiment sera payé sur le pied par jour de six livres treize sols quatre deniers au Mestre-de-camp, de cinq livres à chacun des deux Lieutenans-colonels, outre leurs appointemens de Capitaine ; huit livres six sols huit deniers à chacun des deux Majors, cinquante-trois sols quatre deniers à chacun des deux Aide-majors, vingt-six sols huit deniers au Maréchal-des-logis, trente-trois sols quatre deniers au Prévôt, vingt-six sols huit deniers à son Lieutenant, vingt sols au Greffier, vingt-six sols huit deniers à chacun des Aumônier & Chirurgien, & quinze sols à chacun des quatre Archers & un Exécuteur de justice. *Etat-major.*

Les douze Cornettes entretenus dans ledit régiment, seront payez sur le pied de quarante-cinq sols chacun par jour. *Cornettes.*

Le régiment de Cavalerie allemande de Rosen, augmenté par ordonnance du 16 octobre 1744, de deux compagnies de cinquante Maîtres chacune, & dont les seize anciennes compagnies ont aussi été portées par la même ordonnance à cinquante Maîtres, par une augmentation de quinze Maîtres en chacune, sera payé, sçavoir, chaque compagnie sur le pied par jour de six livres au Capitaine, trois livres au Lieutenant, vingt-six sols huit deniers au Maréchal-des-logis, huit sols à chacun des trois Brigadiers, & sept sols à chacun des quarante-sept Cavaliers, compris le Trompette & le Timbalier qui est dans la compagnie Mestre-de-camp. *ROSEN.* *Compagnies.*

L'Etat-major dudit régiment sera payé sur le pied par *Etat-major.*

jour de trois livres ſix ſols huit deniers au Meſtre-de-camp, quarante ſols au Lieutenant-colonel, outre leurs appointemens de Capitaine; huit livres dix ſols au Major, trois livres à l'Aide-major, treize ſols quatre deniers à chacun des Aumônier, Chirurgien & Auditeur, & ſept ſols ſix deniers à chacun des Greffier, trois Archers & à un Exécuteur de juſtice.

Cornettes. Les douze Cornettes entretenus dans ledit régiment, ſeront payez ſur le pied de quarante-cinq ſols chacun par jour.

NASSAU. Le régiment de Cavalerie allemande levé par le Prince de Naſſau-Saarbruck en vertu de l'ordonnance du 16 octobre 1744, compoſé de douze compagnies de cinquante Maîtres chacune, ſera payé, ſçavoir, chaque compagnie ſur le pied par jour de ſix livres au Capitaine, de trois livres au Lieutenant, quarante-cinq ſols au Cornette, vingt-ſix ſols huit deniers au Maréchal-des-logis, huit ſols à chacun des trois Brigadiers, & ſept ſols à chacun des quarante-ſept Cavaliers, compris le Trompette & le Timbalier qui eſt dans la compagnie Meſtre-de-camp.

Compagnies.

Etat-major. L'Etat-major dudit régiment ſera payé ſur le pied par jour de trois livres ſix ſols huit deniers au Meſtre-de-camp, quarante ſols au Lieutenant-colonel, outre leurs appointemens de Capitaine; ſix livres treize ſols quatre deniers au Major, deux livres treize ſols quatre deniers à l'Aide-major, & treize ſols quatre deniers à chacun des Aumônier & Chirurgien.

HUSSARDS. Les régimens de Huſſards d'Apremont-Linden, de Berchiny, de Turpin, de Beauſobre & de Pollereczky, & ceux de Cavalerie étrangère de Raugrave & de Huſſards de Ferrary, chacun de douze compagnies, au moyen de ſix compagnies miſes par augmentation dans ce dernier régiment, en conſéquence de l'ordonnance du 15 janvier 1747, ſeront payez ſur le pied par jour de ſix livres au Capitaine de chaque compagnie compoſée de cinquante Maîtres, de trois livres au Lieutenant, quarante-cinq ſols au Cornette, vingt-ſix ſols huit deniers au Maréchal-des-logis, neuf ſols à chacun des trois Brigadiers, & ſept ſols à chacun des quarante-ſept Huſſards ou Cavaliers, compris le Trompette & le Timbalier qui eſt dans la compagnie Meſtre-de-camp de chacun deſdits régimens.

Surnuméraires du régiment de Berchiny.

Les vingt-cinq ſurnuméraires montez, qui ſont entretenus en chacune des douze compagnies du régiment de Berchiny, en conſéquence de l'ordonnance du premier ſeptembre 1744, y ſeront payez en paſſant préſens aux revûes, à raiſon de ſept ſols chacun par jour.

Etat-major des ſept régimens de Huſſards.

L'Etat-major de chacun deſdits régimens ſera payé ſur le pied par jour de trois livres ſix ſols huit deniers au Meſtre-de-camp, de quarante ſols au Lieutenant-colonel, outre leurs appointemens de Capitaine; huit livres dix ſols au Major, trois livres à l'Aide-major, trente ſols à l'Aumônier, & treize ſols quatre deniers au Chirurgien.

COMPAGNIE FRANCHE de HUSSARDS de ROSEMBERG.

La compagnie franche de Huſſards Hongrois de Roſemberg, ci-devant Goengoëſy, compoſée de cinquante hommes, que le Roy a priſe à ſon ſervice par ordonnance du premier avril 1744, ſera payée ſur le pied par jour de ſix livres au Capitaine, trois livres au Lieutenant, vingt-huit ſols ſix deniers au Maréchal-des-logis, neuf ſols à chacun des trois Brigadiers, & ſept ſols à chacun des quarante-ſept Huſſards, y compris un Trompette.

Traitement du ſieur Tott.

Le ſieur Tott qui a été entretenu par ordre du premier juin 1744 à la ſuite de ladite compagnie, en qualité de Lieutenant réformé, y ſera payé ſur le pied de vingt-ſept ſols dix deniers par jour en paſſant préſent aux revûes.

Officiers réformez de Cavalerie françoiſe.

Les Capitaines & Lieutenans réformez des régimens de Cavalerie françoiſe, qui ont eu des ordres pour ſervir à la ſuite des régimens auxquels leur réforme eſt attachée, ſeront payez de leurs appointemens par mois, en paſſant préſens aux revûes des Commiſſaires ordinaires des guerres, ſçavoir, chaque Capitaine ſur le pied de quatre-vingt-dix livres, & chaque Lieutenant ſur celui de quarante-une livres quinze ſols; à l'exception de ceux dont les appointemens ſont réglez ſur un pied différent, par les ordres particuliers qui les attachent à la ſuite deſdits régimens.

Officiers

Les Capitaines & Lieutenans réformez, qui ont eu des

réformez de Carabiniers. ordres particuliers pour servir à la suite du régiment Royal-des-Carabiniers, seront payez de leurs appointemens en passant présens aux revûes des Commissaires ordinaires des guerres, sçavoir, chaque Capitaine, sur le pied de quatre-vingt-dix livres par mois, & chaque Lieutenant, sur celui de quarante-cinq livres aussi par mois.

Officiers réformez de Filtzjames.

Les Officiers réformez à la suite du régiment de Cavalerie irlandoise de Filtzjames, seront payez de leurs appointemens en passant présens aux revûes des Commissaires ordinaires des guerres, à raison par mois de cent quatre-vingt-trois livres sept sols six deniers à chaque Mestre-de-camp, cent soixante-quinze livres à chaque Lieutenant-colonel, cent vingt livres à chaque Capitaine, & cinquante-huit livres sept sols six deniers à chaque Lieutenant; à l'exception de ceux auxquels il a été réglé d'autres traitemens par des ordres particuliers, sur lesquels ils seront payez.

Officiers réformez de Cavalerie alemande & de Hussards.

Les Officiers réformez à la suite des régimens de Cavalerie Royal-allemand & Rosen, & de ceux de Hussards, seront payez de leurs appointemens en passant présens aux revûes des Commissaires ordinaires des guerres, sur le pied, sçavoir, chaque Mestre-de-camp & Lieutenant-colonel, de cent cinquante livres par mois; chaque Capitaine, de quatre-vingt-dix livres, & chaque Lieutenant, de quarante-une livres quinze sols aussi par mois; à l'exception de ceux auxquels il a été réglé d'autres traitemens par des ordres particuliers, sur lesquels ils seront payez.

DRAGONS.

Compagnies.

Chaque compagnie des dix-sept régimens de Dragons, composée de cinquante Dragons montez, sera payée sur le pied par jour de quatre livres dix sols au Capitaine, de quarante sols au Lieutenant, trente sols au Cornette, vingt sols au Maréchal-des-logis, sept sols six deniers à chacun des trois Brigadiers, & six sols six deniers à chacun des quarante-six Dragons & un Tambour.

Seconds Lieutenans, Sous-lieutenans & Cornettes, dans les compagnies

Outre les Officiers ci-dessus il est entretenu dans la compagnie génerale qui est dans le régiment du Colonel général des Dragons, un second Lieutenant, un Sous-lieutenant & un Cornette; & dans la compagnie Mestre-

Meſtre-de-camp du régiment Meſtre-de-camp général des Dragons, un ſecond Lieutenant & un Cornette, qui ſeront payez ſur le pied par jour de quarante ſols à chacun des deux ſeconds Lieutenans, de trente-trois ſols quatre deniers au Sous-lieutenant, & de trente ſols à chacun des deux Cornettes: entendant Sa Majeſté que les charges de ſecond Lieutenant dans leſdites compagnies ne ſoient point remplacées lorſqu'elles viendront à vaquer.

générale & Meſtre-de-camp général des Dragons.

Appointemens de trois Capitaines du régiment de Dragons d'Orléans.

Les ſieurs Bouteliere & Deſſandes, qui ont eu des commiſſions de Capitaine pour commander les compagnies de Saint-Mandé & de la Chaſſagne, au régiment de Dragons d'Orléans, ne jouiſſant d'aucuns appointemens depuis l'échange des Capitaines titulaires qui étoient priſonniers de guerre, Sa Majeſté ordonne qu'ils ſoient payez à l'avenir, en paſſant préſens aux revûes dudit régiment, ſur le pied de cinquante ſols par jour, leſquels ceſſeront du jour qu'ils viendront à changer d'état, ou à décéder.

Le ſieur le Maire qui a eu de même une commiſſion de Capitaine pour commander la compagnie de Caſtellanne audit régiment de Dragons d'Orléans, pendant l'abſence du titulaire, recevra auſſi cinquante ſols d'appointemens par jour en paſſant préſent aux revûes.

Leſdits ſieurs Bouteliere, Deſſandes & le Maire, n'auront l'étape en route que comme les Lieutenans en pied dudit régiment, & ne recevront que le même traitement, ſoit en uſtenſile, pain & fourrage, lorſque Sa Majeſté en ordonnera.

Etat-major de Dragons.

L'Etat-major de chaque régiment de Dragons ſera payé ſur le pied par jour de dix livres au Meſtre-de-camp, outre ſes appointemens de Capitaine, de quatre livres dix ſols au Major, de cinquante ſols à l'Aide-major, & de trente ſols à l'Aumônier.

Officiers réformez de Dragons.

Les Capitaines & Lieutenans réformez deſdits régimens de Dragons, qui ont eu des ordres pour ſervir à la ſuite des régimens auxquels leur réforme eſt attachée, ſeront payez de leurs appointemens par mois, en paſſant préſens aux revûes des Commiſſaires ordinaires des guerres, ſçavoir, chaque Capitaine ſur le pied de cinquante livres, & chaque Lieutenant ſur celui de trente-trois livres ſix ſols huit deniers; à l'exception de ceux dont les appointemens ſont réglez ſur un pied différent par les ordres particuliers qui les attachent à la ſuite deſdits régimens.

Gardes-du-corps du Roy, réformez.

Les Gardes-du-corps du Roy, réformez, que Sa Majeſté a trouvé bon d'entretenir dans le nombre des Cavaliers & Dragons de ſes troupes, en attendant leur remplacement, y recevront dix ſols chacun par jour, au lieu de ſept ſols ci-deſſus réglez pour leſdits Cavaliers, & de ſix ſols ſix deniers pour les Dragons.

Sa Majeſté, en confirmant ce qui eſt réglé par ſon ordonnance du 25 août 1745, ordonne

Maréchaux-des-logis ſurnuméraires de Carabiniers, & des régimens de Cavalerie & de Dragons qui ont ſervi en Bohéme & en Bavière.

Que les Maréchaux-des-logis qui, en conſéquence de ladite ordonnance, ſont entretenus comme ſurnuméraires dans les brigades de Carabiniers & dans la Cavalerie françoiſe & étrangère, & les Dragons, des régimens qui ont ſervi en Bohéme & en Bavière, dont il ſera fait diſtinction dans les revûes, continuent à recevoir les appointemens qu'ils avoient en cette qualité, juſqu'à leur remplacement aux premières places vacantes dans les compagnies où ils ſont entretenus.

VOLONTAIRES de SAXE.

Solde & compoſition des brigades & de l'Etat-major.

Le régiment de Cavalerie légère ſous le nom de Saxe-Volontaire, levé en conſéquence de l'ordonnance particulière du 30 mars 1743, & composé de mille hommes, les Officiers compris, ſera payé à raiſon de vingt-cinq livres par homme par mois ſur le pied complet, ſans diſtinction de grade, depuis le Colonel juſqu'au dernier des mille hommes qui forment les ſix brigades & l'état-major dudit régiment; chaque brigade de cent ſoixante hommes, commandée par un Rotmeiſter ou Capitaine en pied, avec un Capitaine en ſecond, un premier Lieutenant, deux Lieutenans en ſecond, vingt bas Officiers, un Frater, un Sellier, un Maréchal ferrant, quatre Tambours, ſoixante-quatre Volontaires, & ſoixante-quatre Pacolets ou Dragons.

Et l'Etat-major de quarante hommes, sçavoir, un Poulcoüenic ou Colonel, un Lieutenant-colonel, un Major, un Quartier-Meister, un Adjudant ou Garçon-major, un Auditeur, un Aumônier, un Chirurgien-major, un Vagmestre, un Prevôt, un maître Charpentier, dix Charpentiers, un Timbalier, dix Hautbois & huit Valets.

Payes de gratification de chaque brigade.

Outre la solde ci-dessus, Sa Majesté accorde par brigade vingt payes de gratification, aussi de vingt-cinq livres chacune, lorsqu'elle aura passé aux revûes des Commissaires des guerres de cent soixante à cent quarante hommes, les Officiers compris; quinze desdites payes lorsqu'elle sera de cent trente-neuf à cent vingt, & dix desdites payes seulement lorsqu'elle ne se trouvera que de cent dix-neuf à cent, n'en devant être donnée aucune lorsque ladite brigade sera au dessous dudit nombre de cent hommes.

Masse de la Cavalerie, de la compagnie franche de Rosemberg & des Dragons.

Il sera donné (à l'exception du régiment Volontaire de Saxe) outre la solde ci-dessus, qui sera payée sans aucun retranchement, dix deniers par jour pour chaque Brigadier, Cavalier, Carabinier, Hussard, Dragon, Trompette, Timbalier & Tambour, dont le fonds restera entre les mains du Trésorier, pour composer une Masse toûjours compléte destinée à l'habillement desdites troupes; de laquelle le Trésorier donnera ses reconnoissances à la fin de l'année, à l'Officier chargé du détail desdits régimens, brigades ou compagnie franche, l'un à titre de Grosse Masse, sur le pied de six deniers par Brigadier, Cavalier, Carabinier, Hussard, Dragon, Trompette, Timbalier & Tambour; & l'autre à titre de Petite Masse, pour les quatre deniers restans: laquelle Masse sera payée sur la main-levée du Directeur ou Inspecteur général dans le département duquel lesdits régimens, brigades ou compagnie se trouveront, visée des Colonels généraux de la Cavalerie & des Dragons.

PREST des Cavaliers, Hussards & Dragons.

Comme Sa Majesté juge nécessaire qu'il reste toûjours à la fin du quartier d'hiver, quelqu'argent aux Cavaliers, Hussards & Dragons, pour leur donner moyen de subsister pendant la campagne, & qu'il eſt auſſi à propos que les choſes demeurent réglées entre les Capitaines & leſdits Cavaliers, Huſſards & Dragons, de manière qu'il n'y ait aucune difficulté ſur le décompte à faire entr'eux; Sa Majeſté ordonne que chaque Cavalier & Huſſard touchera ſix ſols par jour pour ſa ſubſiſtance, chaque Carabinier ſept ſols, chaque Cavalier du régiment Irlandois de Filtzjames huit ſols, & chaque Dragon cinq ſols ſix deniers; que le Cavalier, Carabinier, Huſſard, & Dragon ſera obligé d'entretenir ſon cheval de ferrage; & que moyennant les ſept livres dix ſols à quoi reviendra le ſurplus de la ſolde pendant les cinq mois du quartier d'hiver, leſquels lui ſeront payez par ſon Capitaine à la fin de chacun des mois de novembre, décembre, janvier, février & mars, il s'entretiendra de linge, culotte, bas & ſouliers: Et à l'égard du Capitaine, Sa Majeſté trouve bon qu'il touche ce qu'Elle a ordonné pour les places d'uſtenſile des Cavaliers, Huſſards ou Dragons de ſa compagnie, à la réſerve de deux ſols par jour par Cavalier, Carabinier, Huſſard ou Dragon, qui reſteront entre les mains du Tréſorier général de l'Extraordinaire des guerres, & qui ſeront par lui remis au Major du régiment, ou à l'Aide-major en ſon abſence, dans les tems marquez ci-après; pour être leſdits deux ſols, qui feront pour les cent cinquante jours du quartier d'hiver, la ſomme de cinq écus de ſoixante ſols chacun, diſtribuez manuellement par ledit Major ou l'Aide-major, aux Cavaliers, Carabiniers, Huſſards & Dragons; ſçavoir, un écu de ſoixante ſols au dixième de chacun des mois de juin, juillet, août, ſeptembre & octobre; ſans que ledit Major ou Aide-major en ſon abſence, s'en puiſſe diſpenſer pour quelque raiſon que ce ſoit, à peine de privation de ſa charge: ce que Sa Majeſté veut que leſdits Cavaliers, Carabiniers, Huſſards & Dragons touchent outre la ſolde qui leur ſera ordonnée pendant la campagne; de ſorte que moyennant les ſix ſols de ſolde par jour que le Cavalier & Huſſard touchera, les ſept ſols qui ſeront donnez au Carabinier, les huit ſols que

Diſtribution de l'écu de campagne.

que recevra le Cavalier du régiment de Filtzjames, & les cinq ſols ſix deniers qu'aura le Dragon pendant le quartier d'hiver, les ſept livres dix ſols qui ſeront payées à l'un & à l'autre également, dans les cinq mois dudit quartier d'hiver, & les cinq écus qui leur ſeront diſtribuez par le Major au commencement & pendant la campagne, outre leur ſolde, ils ſoient obligez de s'entretenir, comme il eſt ci-deſſus marqué, de linge, culotte, bas & ſouliers, d'entretenir leurs chevaux de ferrage, & d'entretenir auſſi leurs armes, c'eſt-à-dire, de les tenir nettes, & de faire les menues réparations qui y ſeront néceſſaires pour qu'elles ſoient toûjours en bon état : Sa Majeſté entendant que quand les armes des Cavaliers, Carabiniers, Huſſards & Dragons deviendront dans un état à ne pouvoir plus ſervir, qu'il en faudra de neuves, ou qu'il ſera néceſſaire d'y faire des réparations conſidérables, le Capitaine en faſſe la dépenſe, à moins qu'il ne fût jugé par le Conſeil de guerre du régiment, que le dommage arrivé à l'arme du Cavalier, Carabinier, Huſſard & Dragon, fût par la faute du Cavalier, Carabinier, Huſſard & Dragon.

Entend auſſi Sa Majeſté qu'au moyen de l'uſtenſile, ſur lequel il ſera, comme il eſt dit ci-deſſus, retenu deux ſols par jour par Cavalier, Carabinier, Huſſard ou Dragon, le Capitaine ſera obligé d'entretenir chaque Cavalier, Carabinier, Huſſard ou Dragon de ſa compagnie, de cheval, houſſe, ſelle, harnois, bride, habillement, manteau, chapeau, bottes, armes, & généralement de toutes les choſes qui lui ſeront néceſſaires, à la réſerve du linge & des culottes, bas & ſouliers.

Retenue sur l'Ustensile pour le non-complet des compagnies.

Infanterie.

Au moyen des payemens qui ſeront ainſi faits aux troupes d'Infanterie, de Cavalerie, de Carabiniers, de Huſſards & de Dragons, les Officiers ſeront obligez de les mettre en état de ſervir dans le commencement du mois d'avril prochain; & Elle ordonne qu'il ſoit retenu cent cinquante livres ſur l'uſtenſile des Capitaines de Fuſiliers dont les compagnies paſſeront au nombre ci-après à la revûe qui ſera faite dans les huit premiers jours dudit mois d'avril, ſçavoir :

Celles des bataillons d'infanterie françoise, à trente-quatre hommes & au dessous.

Celles des cinq bataillons du régiment Royal-Artillerie, à soixante-neuf hommes & au dessous.

Celle de Mineurs de Turmel, à soixante-neuf hommes & au dessous.

Les quatre autres compagnies de Mineurs, à cinquante-neuf hommes & au dessous.

Celle d'Ouvriers de Guille, à soixante-quatre hommes & au dessous.

Les quatre autres compagnies d'Ouvriers, à quarante-sept hommes & au dessous.

Celles des six régimens Irlandois & du régiment Royal-Ecossois, à quarante-un hommes & au dessous, sans avoir égard à ce qui est porté pour lesdits régimens par l'article XII de l'ordonnance du premier novembre 1747.

Celles des deux régimens Walons, à quarante-quatre hommes & au dessous.

Celles du régiment Royal-Italien, à quarante-un hommes & au dessous.

Et celles du régiment Royal-Corse, à trente-neuf hommes & au dessous.

Entend Sa Majesté que cette retenue ait lieu, même pour les troupes qui sont à Genes.

De laquelle retenue lesdits Capitaines ne pourront avoir la main-levée par les Inspecteurs ou ceux qui pourront être commis pour en faire les fonctions en leur absence, qu'après que leurs compagnies auront passé à la revûe des Commissaires des guerres du mois de mai 1748, sçavoir:

Celles des bataillons d'infanterie françoise, à trente-huit, trente-neuf ou quarante hommes.

Celles des cinq bataillons du régiment Royal-Artillerie, de quatre-vingt-douze à cent hommes.

Celle de Mineurs de Turmel, à pareil nombre de quatre-vingt-douze à cent hommes.

Les quatre autres compagnies de Mineurs, de soixante-onze à soixante-quinze hommes.

Celle d'Ouvriers de Guille, de ſoixante-quinze à quatre-vingts hommes.

Les quatre autres compagnies d'Ouvriers, de cinquante-ſept à ſoixante hommes.

Celles des ſix régimens Irlandois & du régiment Royal-Ecoſſois, de quarante-ſept à cinquante hommes.

Celles des deux régimens Walons, de cinquante-deux à cinquante-cinq hommes.

Et celles des régimens Royal-Italien & Royal-Corſe, de quarante-ſept à cinquante hommes.

Cavalerie, Carabiniers, Hussards & Dragons.

Veut auſſi Sa Majeſté qu'au moyen deſdits payemens, les Officiers de ſes troupes de Cavalerie, de Carabiniers, de Huſſards & de Dragons, ſoient obligez de même, de les mettre en état de ſervir dans le commencement du mois d'avril prochain; & que s'il arrive qu'une compagnie ne ſe trouve pas compléte, montée, armée & équipée comme il convient, à la revûe qui en ſera faite dans les premiers jours dudit mois d'avril, par les Commiſſaires ordinaires des guerres, avec les Directeur ou Inſpecteurs généraux où il s'en trouvera, il ſoit retenu un mois d'uſtenſile, tant des places attribuées à la perſonne du Capitaine, que de celles des Cavaliers, Carabiniers, Huſſards & Dragons, en ce non compris l'écu de campagne, qui doit être toûjours diſtribué aux Cavaliers, Carabiniers, Huſſards & Dragons, ſans pouvoir être retenu ſous quelque prétexte que ce ſoit; de laquelle retenue il ne pourra avoir la main-levée par les Inſpecteurs, ou ceux qui pourront être commis pour en faire les fonctions en leur abſence, qu'après la revûe du Commiſſaire des guerres, du mois de mai 1748, & que ſa compagnie y aura paſſé compléte d'hommes & de chevaux, & en état de bien ſervir.

Ordonne Sa Majeſté aux Commiſſaires des guerres qui ſeront chargez de la police de ſes troupes, qu'après qu'ils auront fait leurs revûes dans les premiers jours d'avril, avec les Directeur ou Inſpecteurs généraux où il s'en trouvera, ils aient à informer auſſi-tôt les Intendans dans les départemens desquels ils seront, des compagnies qui, à cette revûe, ne se trouveront pas complétes & en bon état, afin qu'ils fassent faire les retenues sur l'ustensile, ainsi qu'il est expliqué dans les deux articles précédens, aux Capitaines d'Infanterie, de Cavalerie, de Carabiniers, de Hussards & de Dragons: Entend aussi Sa Majesté, que lesdits Commissaires des guerres, Directeur & Inspecteurs généraux où il s'en trouvera, déclarent en même tems de sa part aux Capitaines, que ceux qui, à la revûe qui se fera des troupes au commencement de la campagne, n'auront pas leur compagnie compléte & de tout point en état de servir, telle raison qu'ils puissent avoir, seront cassez, & mis en prison jusqu'à ce qu'ils aient restitué tout ce qu'ils auront reçu d'ustensile pendant l'hiver, sans avoir égard aux dépenses qu'ils auront faites à leur compagnie: déclarant Sa Majesté aux Colonels, Mestres-de-camp & Lieutenans-colonels des régimens dans lesquels il se trouvera de mauvaises compagnies, qu'Elle les en rendra responsables en leur nom, comme ayant négligé de prendre le soin qu'ils doivent avoir que les Capitaines travaillent utilement à leur rétablissement.

IX.

Officiers réformez dans les Provinces.

Colonels & Lieutenans-colonels d'Infanterie françoise.

Les Colonels & Lieutenans-colonels réformez d'Infanterie françoise, qui par l'ancienneté de leurs services doivent avoir des appointemens, continueront d'en être payez dans les provinces, sur les états & ordres qui seront expédiez à cet effet, sur le pied de neuf cens livres par an à chaque Colonel, & de sept cens livres à chaque Lieutenant-colonel.

Mestres-de-camp & Lieutenans-colonels de Cavalerie françoise.

Les Mestres-de-camp & Lieutenans-colonels réformez de Cavalerie, retirez dans les provinces, auxquels Sa Majesté a accordé des appointemens, continueront d'en être payez sur les états & ordres qui seront expédiez à cet effet.

Mestres-de-camp & Lieutenans-colonels de Dragons.

Les Mestres-de-camp & Lieutenans-colonels réformez de Dragons, qui doivent avoir aussi des appointemens par l'ancienneté de leurs services, seront payez dans leur province,

province, ſuivant les états & ordres qui ſeront envoyez, ſur le pied de deux mille livres par an à chaque Meſtre-de-camp qui a eu un régiment, mille livres à chacun des autres, & ſix cens livres à chaque Lieutenant-colonel.

Officiers réformez Partiſans, d'Infanterie, Cavalerie & Dragons, entretenus dans les Places.

Les Officiers réformez, tant d'Infanterie que de Cavalerie & de Dragons, entretenus dans les places en qualité de Partiſans, ſeront payez en paſſant préſens aux revûes, des appointemens qui leur ont été réglez, ſuivant les états & ordres ſignez du Secrétaire d'état ayant le département de la guerre.

Capitaines & Lieutenans réformez d'Infanterie, de Cavalerie & de Dragons, renvoyez dans leur province.

Les Capitaines & Lieutenans réformez d'Infanterie, de Cavalerie & de Dragons, ci-devant attachez à la ſuite des régimens, ou entretenus à la réſidence des places, qui ont été renvoyez dans leur province, continueront d'y être payez de leurs appointemens, ſur les états qui ſeront envoyez tous les ſix mois aux Intendans deſdites provinces, ainſi qu'il s'eſt pratiqué par le paſſé.

X

DÉFEND Sa Majeſté aux Officiers, Gardes-du-corps, Gendarmes, Chevaux-légers, Mouſquetaires, Cavaliers, Carabiniers, Huſſards, Dragons & Soldats, de prendre aucun ſel dans les pays étrangers, ou dans ceux de l'obéiſſance de Sa Majeſté où la gabelle n'eſt point établie, ni de ſe charger d'aucun tabac ou autres marchandiſes prohibées, pour tranſporter, vendre ou débiter, en telle manière que ce puiſſe être, & à quelque perſonne que ce ſoit, dans les provinces du royaume; à peine aux Chefs & Commandans, de répondre ſur les payes à eux ordonnées, & ſur leurs biens, des dommages qui ſeroient faits aux fermes générales par ceux étant ſous leur charge; & aux Gardes, Gendarmes, Cavaliers, Carabiniers, Huſſards, Dragons & Soldats, d'être punis ſuivant la rigueur des ordonnances contre les faux-ſauniers. Défend auſſi Sa Majeſté à tous ſes Sujets, de quelque qualité & condition qu'ils ſoient, de commettre le faux-ſaunage, ni d'aſſiſter & favoriſer en quelque ſorte que ce ſoit, les gens de guerre qui le commettront, aussi sur les peines des ordonnances.

Défend encore Sa Majesté auxdits gens de guerre, d'aller, ni d'envoyer couper, abattre, ni prendre aucun bois dans les forêts & buissons, à qui que ce soit qu'ils appartiennent; d'y chasser à la campagne, en quelque lieu que ce puisse être; de tirer avec fusils ni autres armes à feu, sur les pigeons & sur le gibier, ni pêcher dans les étangs, à peine de punition corporelle : Voulant que les coupables des crimes ci-dessus soient punis par les Prévôts des Maréchaux, & à leur défaut par les juges ordinaires des lieux, selon la rigueur des ordonnances; sans que les gens de guerre puissent auxdits crimes alléguer aucune exception ni privilége, ni les juges y avoir égard.

MANDE & ordonne Sa Majesté aux Gouverneurs & Lieutenans généraux dans ses provinces & armées, aux Gouverneurs de ses villes & places, à ceux qui y commandent, aux Commandans & Intendans de ses armées, aux Intendans dans les provinces & sur les frontières, aux Directeur & Inspecteurs généraux de ses troupes, aux Commissaires des guerres ordonnez à leur police, & à tous autres ses Officiers qu'il appartiendra, de tenir la main à l'exécution de la présente. FAIT à Versailles, le premier décembre mil sept cens quarante-sept. *Signé* LOUIS. *Et plus bas*, M. P. DE VOYER D'ARGENSON.

A PARIS, DE L'IMPRIMERIE ROYALE. 1747.

www.ingramcontent.com/pod-product-compliance
Ingram Content Group UK Ltd.
Pitfield, Milton Keynes, MK11 3LW, UK
UKHW021115260726
13994UKWH00002B/896

9 782329 351537